JN032577

老後が不安……。貯金と年金で大丈夫ですか？

著者 齋藤岳志 CFP

現代書林

はじめに

「老後資金が不安」というシニア世代の方は多いと思います。

「株式会社お金のデザイン」が50〜70代男女1000名を対象に行った調査によれば、**「老後資金が不安」と答えた人は65%**にも及んだそうです。

ただ、シニア世代では「老後資金がまったくない」という人はむしろ少数で、多くの方が「貯めてはいるけれど不安」、つまり一定の資金はあるものの、**「老後資金がどのぐらい必要なのかわからない」「年金が足りないのではないか」**といったことを心配されているのだと思います。

少し前に「老後資金2000万円問題」が取りざたされました。高齢の無職の夫婦の場合、「毎月5万円の赤字」が出て、その合計は30年間で2000万円近くにも上り、その分を自分の資産から補填しなければならないというものです。

もちろん全員が2000万円不足するわけではなく、収入がある人、生活費がもっと少なくて済む人はこの限りではありません。逆に言えば生活費がもっと多い人はさらに多くの額が不足することになります。

大事なことは「自分がいくら足りないのか（足りるのか）」を冷静に計算することだと思います。まずはその試算をすることが大切です。

とはいえ残念ながら、**手持ちの資産と年金では不足してしまう人が多いのも事実**です。

さらにそこに加味して考えなければならない重要な問題があります。それは「インフレ」です。

インフレとは私が説明するまでもないのですが、モノの値段が上がることです。昨日まで100円で買えたものが半年後は130円、1年後150円と上がっていくものです。当然ですが、生活費もそれに応じて膨らむわけです。去年は月の生活費が20万円で済んでいたけれど、今年は25万円になってしまう。それがインフレです。

となると**老後資金として一定の資金を蓄えていても、そのお金が実質的に目減りしてしまう可能性**があるわけです。それがインフレの怖さです。そして**インフレは今、日本において現実の問題**として起こりつつあります。

つまり**老後資金の試算の結果、「足りたから大丈夫」と思っていても決して安心はでき**

ないのが今の日本なのです。

ではどうしたらいいのでしょうか。

そこで本書でご紹介するのが「投資による資産運用」です。

投資というと「損をしないか不安」「面倒くさいのではないか」と思われる方もいらっしゃいますが、本書では、初めての方でも非常にわかりやすく、そしてリスクが低い「NISAを利用した株式投資」と「ワンルームマンション投資」に絞ってご紹介します。

もちろん投資である以上、リスクがないとはいえません。しかしNISAを使った株式投資とワンルームマンション投資は非常に手堅く、リスクを最小限に抑える投資術であると考えています。

特にワンルームマンション投資については、**私自身が16年間の投資実績**を有しており、資産運用として非常に有効であることを実感しているものです。

これからの時代、老若男女問わず「資産運用」は欠かせないと考えます。今述べたインフレも考慮すれば「**預貯金で持っていること」のほうがむしろリスクになる**と言ってもいいでしょう。

人生100年時代、安心してゆとりある第二の人生を送るために、本書でお勧めする手堅い資産運用を行うことで、しっかりとした資金を確保していただきたいと思います。

そして私が本書を世に出したいと考えた大きな理由がもうひとつあって、それは「お金を使うことの勧め」です。

「資金を作れと言っておきながら、使えというのは真逆ではないか」と思われるかもしれませんが、運用で資産を増やすことができれば、資金の余裕が出てきます。その分はぜひご自分や家族のために、あるいは社会のために楽しく使っていただきたいと思うのです。

というのも、今まで忙しく働いてきた方も、60歳以降は定年になったり、働き方が変わったりすることで時間ができたり、心のゆとりが持てる年代だと思うからです。

せっかく**今まで頑張って働いて作ってきた資産**です。ぜひとも「使う」ということにも目を向けていただきたいのです。そのための「**安心して使える仕組み**」についてもしっかり述べていきたいと思っています。

本書では、実際に私のところに「老後資金が不安」とのことで相談にお越しくださったご夫婦をモデルとして、会話形式で解説しました。そのお二方はこれまで投資経験はゼロとのことでした。

初めての人にもわかりやすく、読み終わったときにはしっかりとした資産運用の知識を得ていただけるように心がけました。時には笑えたり、しみじみしたり……。楽しく読んでいただけると思います。

インフレに負けず、お金を活かして不安を解消し、人生を謳歌する！

これからの人生を最大限に楽しんでいただくために、本書が役立てると信じています。

2023年7月

CFP　齋藤岳志

本書の登場人物

齋藤岳志

CFP

鴨下芳江（妻）

専業主婦 60歳
元気で明るい性格だが
少々大ざっぱな面も

鴨下光男（夫）

会社員 59歳
慎重派で心配症。
時々天然が

光男・芳江夫婦の経済状況

- 2人暮らし（長男・次男は社会人・独立）
- 光男は60歳で定年だが、その後も65歳まで継続雇用予定
- 芳江は長年パート勤務を続けてきたが、現在は専業主婦
- 自宅は横浜市内の持ち家（ローン完済）
- 借金ナシ
- 預貯金2000万円
- 光男の退職金は1000万円（予定）

Part 3
知識ゼロから始める中古ワンルーム投資

Part 4 資産形成のモデルプランを立てよう！

Part 5 60歳から知っておきたい保険とポイ活

Part

1

老後が心配なので、貯金をしていますがいろいろ不安です

老後資金が不安で相談に来ました

はじめまして！

はじめまして。このたびはよろしくお願いします。ＣＦＰの齋藤岳志です。

ＣＦＰというのはＦＰ（ファイナンシャルプランナー）さんとは違うのですか？

いいえ、同じです。ＣＦＰとはCertified Financial Plannerの略で、簡単に言うとＦＰの上級資格です。

おおー、それは信頼度抜群ですね。

私たち、ＦＰさんに相談するのは初めてなんですけど、齋藤さんのラジオ（注）を聞いて、「この人に相談しよう！」とピンときたんです！

（注）エフエム戸塚「戸塚井戸端会議。」

ありがとうございます。早速相談をお伺いしましょう。

はい。ズバリ、老後資金についてです。私はずっと会社員で働いてきて、年収は現在でも６００万円とあまり高くないのですが、なんとか2人の子どもを大学まで出して、住宅ローンも完済し、できる範囲で貯金もしてきました。
でも私が来月60歳で定年になるんです。65歳までは継続雇用で同じ会社で働けるのですが、給料は40％下がって、年収は360万円になってしまいます。退職金は入りますが、この先この資金で持つのか、心配になって相談に来ました。**コツコツ貯金はしてきたけど、いろいろ不安で……。**

どのぐらいの資金が必要？

状況はわかりました。まず、お二人が今後どのぐらいのお金が必要なのか30年後、40年先を考えて計算していきましょう。

30年というと僕たち90歳、40年で100歳か、ま、100歳までは無理として、30年先まで考えればいいか……。

あら、私は100まで生きるつもりよ。

人生100年時代です。ぜひその心意気でお願いします。

私はそんな元気がなく……(笑)。でもまあ妻のほうは100歳いけそうですし、40年後までお願いします。

まず現在の貯金額が2000万円。これに光男さんの退職金が1000万円ですから、合計で3000万円。まずはこれが手持ちの資金となりますね。現在のお二人の毎月の生活費はどのぐらいですか？

37万円ぐらいです。2人にしては多めだと思うし、もう少し節約したいのですが、親の介護をしていて費用の一部を負担しているし、特に贅沢をしていなくても、このぐらいはかかってしまうんです。光男さんは糖尿持ちで食事を気にしないといけないのによく食べるし、お酒もたくさん飲むし。

（気まずそうに目をそらす）

まあ、夫婦2人で37万円は一般的な家計よりは少々多いかもしれませんが、**引退後は現役時代より生活費が少なくて済むのが一般的**です。大体7～8割ぐらいにはなります。お二人の場合、37万円×0・8で約30万円としましょう。

いずれ資金が底をつく……？

お二人の年金の見込み額はどのぐらいですか？

「ねんきん定期便」では年金見込額は夫が16万円、私が6万円の22万円となっています。

すると引退後の生活費30万円には8万円が不足しますね。

光男さんが**60歳から65歳までは年収が360万円、生活費の年額も360万円とすれば、収支はちょうどトントン**。この期間は貯金はできないけれど、資金の目減りもしないと考えましょう。

問題は65歳以降。ここからは年金だけでは不足するので、自己資金からの取り崩しとなります。

差額は月8万円。年間96万円です。さらに65歳から95歳の**30年では2880万円、40年で3840万円を手持ち資金から取り崩す計算**になります。

そしたら**95歳で自己資金3000万円をほぼ使い果たしてしまう**わけですね。それ以上長生きしたらマズイ……。「**長生きリスク**」ってやつですか。長生きリスクなんて他人事だと思っていたけど自分事に……。

でも80歳、90歳になったら、もうそんなにお金はいらないんじゃない？

いいね、君は楽天的で……。俺は心配性だから不安だよ……。

もちろん、生活費を圧縮して年金の範囲で暮らしていくという選択もあります。ただ申し訳ないのですが、今の話は支出が月額30万円、年間360万円で収まった場合のことです。

というと……？

毎月30万円が最低かかる生活費としたら、ゆとりの分が欲しいですよね。それに**生きていくためには毎月の生活費だけでなく、臨時の出費、想定外の出費**もあります。**車の買い替えとか、家のリフォーム**とか。

あ〜、そうだ！　今の車、もう10年経つんです。この先、どこかで1回、いや、もしかしたら2回は買い替えが必要だと思います。うちは車がないと不便な場所なので。

家の修繕費も考えておかないと……。うちは今、築25年だけど、水回りをそろそろリフォームしたいし、今後は屋根や外壁なんかも修繕しないといけないんじゃないかな。それって結構な費用がかかりますよね……。

あれこれやってると1000万円ぐらいすぐになくなりそう……。そしたらやっぱり足りないですね……。

独立はしたけれど、子どもたちにかかるお金も考えないと……。今は2人とも独身だけど、結婚するなら結婚費用も必要だろうし、孫が生まれたらお祝いもあげたいし……。相手の方の実家の手前を考えると、ある程度は出さないとカッコ悪いし。

なに今から見栄張ってるの（笑）。

それから今後、時間の余裕ができたら旅行なども行かれませんか？

行きたいです！

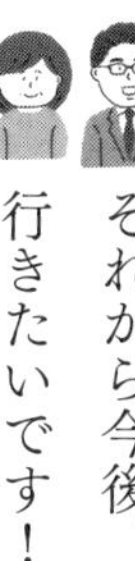

そうしたらその費用も考えましょう。

どっちにしても私たちが貯金してきた額では足りないってことですね。**いざとなれば年金があると思っていたのに、ショック**です。

そうお考えになる方は多いのですが、**実際には年金だけでは足りない人のほうが多いんで**す。

鴨下家の老後資金

貯蓄2000万円
退職金1000万円
老後の毎月の生活費30万円
年金22万円
↓不足分8万円（年間では96万円）
↓30年間では2880万円が不足（手持ち資金からの持ち出し）
↓40年間では3840万円が不足（手持ち資金からの持ち出し）

チェック ☑

「老後資金2000万円不足問題」とは？

少し前「老後資金は2000万円必要！」という報道がありました。いわゆる「老後2000万円問題」。2019年に金融庁の金融審議会市場ワーキング・グループ『高齢社会における資産形成・管理』が「ともに65歳以上という高齢者夫婦が、老後30年間を生きていくには、およそ2000万円不足する」と発表したことを受けたものです。

これを聞いて「うちは貯金が2000万円もない！」と焦った人も多いと思いますが、これは必ずしも全員（全世帯）が2000万円必要というわけではありません。

老後資金はご自分の生活スタイルや、いつまで働くかによって大きく異なります。2000万円では足りない人もいるし、もっと少なくても大丈夫という人もいるわけです。

やみくもに恐れるのではなく、自分はどのぐらい必要なのか、それを割り出すことが大事です。「数値」としてとらえることができれば、対策も立てられます。みなさんも鴨下夫妻の試算を参考に、ご自分に必要な額を算出してみてください。

貯金が勝手に減っていってしまう!?

もうひとつ、ちょっと心配なことがあって、鴨下さまは資産のほぼ100%を現金で持っていらっしゃいますね。不安なお気持ちにさせたいわけではないのですが、**資金を貯金で**

持っていることのリスクということも考えていただきたいのです。

え、**「現金」が一番安全だと思ってましたけど？**　株とか外貨預金とかは下がったら怖いじゃないですか。

もちろんそうなんですが、**今の時代は「インフレ」というリスクがあるんです。**最近、物の値段がどんどん上がっていってますよね。今まで100円で買えたものが130円、150円と値上がりしています。

　するとたとえば**1000万円を現金で持っていても、実質的には700万、800万円分の物しか買えない、つまり700万、800万円分の価値しかない**ということが起こり得るわけです。これがインフレの怖さなんです。

　しかも時代は低金利です。1000万円を銀行に預けても、インフレ分に見合うだけの利息がつくわけではありません。

年金だって「インフレだから、ガッチリ上げて、多く出しておきましょう！」とはならないですよね……。

もちろん年金も本来はインフレに連動して上がるべきなのですが、**年金の仕組み上、インフレへの対応力がかなり弱いんです。インフレだからといってポンと上がるというのは考**

えづらいです。そうでなくても年金財政は非常に厳しい状況にあります。だから、年金については今の見通し以上に上がることは期待しないほうがいいと思います。

「現金で持っていれば安心」の時代は終わった

となると、「現金で持っていれば安心！」ってわけじゃないんですね……。

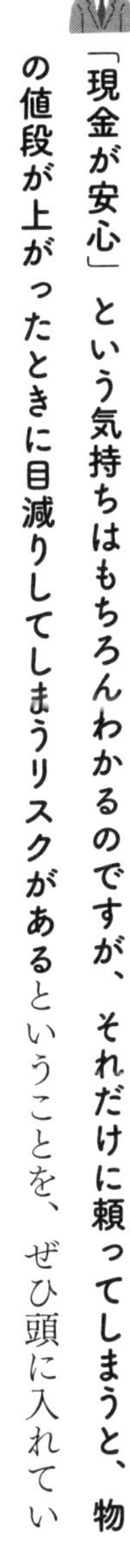

「現金が安心」という気持ちはもちろんわかるのですが、それだけに頼ってしまうと、物の値段が上がったときに目減りしてしまうリスクがあるということを、ぜひ頭に入れていただきたいのです。

今まで資産について、あまり考えたことなくて。「コツコツ貯めればいいんだろう」としか思っていませんでした。

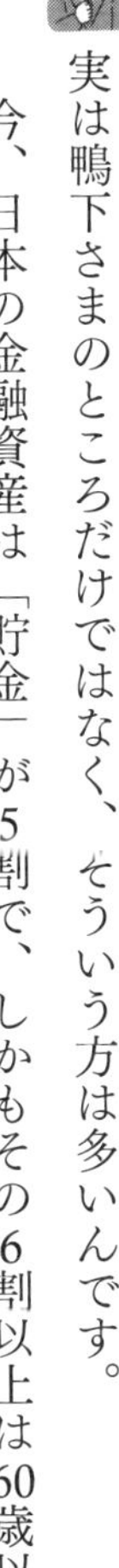

実は鴨下さまのところだけではなく、そういう方は多いんです。

今、日本の金融資産は「貯金」が5割で、しかもその6割以上は60歳以上の方の貯金額という統計があります。株式や投資信託にはわずか10%しかまわっていません。

これがアメリカだと逆転していて、貯金として持っている割合は10%あるかないかなんです。もちろんそれが無条件にいいというわけではないですよ。

しかし、**ただ貯金として持っているだけで、あとは年金でやっていこうという考え方は、この時代には少々危険と言わざるを得ない**んですね。

確かにインフレは急に2倍、3倍と進行するわけではなくて、今日100円だったものが3カ月後は110円、半年後は120円というように、少しずつ進行するものです。

「今日から急に生活できなくなる！」というわけではないけれど、**ボディブローのように少しずつダメージが効いてくる……**というイメージで考えていただきたいのです。

チェック

「資産」と「資金」の違い

「資金」「資産」の違いを知っておきましょう。

まず「資産」というのは「持っていることで、そのものの価値が上がったり、新たなお金を生み出してくれるもの」です。不動産、株式、債券などの有価証券などが「資産」です。

これに対して「資金」は元手となるお金のこと。預貯金として持っているもののことです。今はやりの暗号資産や外貨預金も資金と考えていいと思います。

資金は持っていても価値はあまり変わりません。

もちろん預貯金で多少の利子が付いたり、外貨預金として持っていれば為替の変動で価格が変わることはあるけれど、持っているだけで価値が変わるわけではありません。1ドルは1ドルのままという具合に、基本的には価値そのものは変わらないのが資金です。

日本では多くの方が財産を「資金」としてお持ちですが、「資金」として寝かせておくのではなく「資産」に変えて持つことで、資産が価値を生み出す可能性があるわけです。

では、どうすればいい？

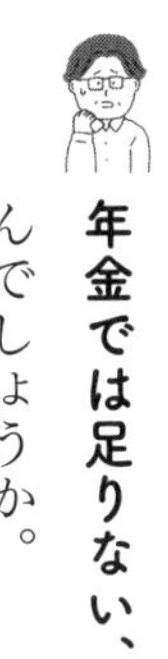

年金では足りない、貯金も目減りのリスクがあると……。すると私たちはどうすればいいんでしょうか。

おばあさんになって路頭に迷いたくないです～～(泣)。

大丈夫です！　そのために私に相談に来てくださったわけですから。まずひとつは「65歳以降も働く」ということがあります。パートなどでいいので、月3～6万円を稼げば不足

分をカバーでき、自己資金の目減りを抑えることができます。

う〜〜ん、働ければ働きたいのですが、持病があって体力にあまり自信がないんですよね……。あと65歳まで働いたあとは少し休みたいというのが本音です。休んだ後で働ければいいけど、その年では仕事探しがなかなか難しいかも……。

私も働けばいいのですが、数年前に両親の介護のためにパートを辞めてしまって、先の見通しが立たない状態です。

健康あっての第二の人生ですから、無理をするのはよくないと思います。

もうひとつの方法は、**手持ちのお金を増やす資産運用、つまり投資**です。せっかく3000万円もの資金があるのですから、お金に働いてもらうという考えです。

「お金に働いてもらう」って言葉、ものすごく魅力的ですね！

チェック

☑ 年金は「収入のひとつの柱」に過ぎない？

ちょっと辛口になってしまうかもしれませんが、これからの時代、年金収入は「収入の柱のひとつ」として考える必要があると私は思っています。年金だけで老後資金をすべてまかなうという姿勢では難しいのです。

もちろん年金だけで大丈夫な人もいるし、自己資金が十分あって「どれだけ長生きしても大丈夫！」という方もいらっしゃると思います。

しかしそうでない方も多いのが現状です。老後資金を試算してみて、たとえば「80歳で資金が枯渇しそう」「90歳まで持たない」ということなら、定期的に収入が入ってくる仕組みを資産運用によって作る必要があると思います。

でも、投資はやったことがないし、怖いんです

とはいえ、投資ってなんか怖くて今までやったことがないんですよね。

僕らの世代はバブルを経験しているでしょう。あの当時、株で**一夜にして数千万円がパーになったとか、破産したとか、そういう話がいくらでもありました。**中には「株とギャンブルだけには手を出すなというのが我が家の家訓だ」とか言う人もいて……。

もうひとつ、投資をするなら、ちゃんと勉強をしないといけないでしょう。それが正直、

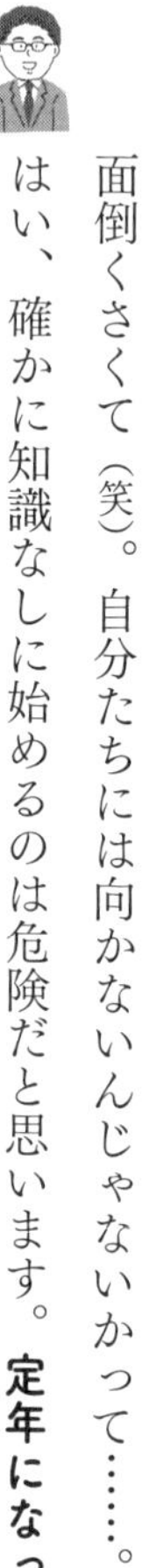

面倒くさくて（笑）。自分たちには向かないんじゃないかって……。

はい、確かに知識なしに始めるのは危険だと思います。**定年になった方が、これからは時間もあるからと、退職金を元に株式投資を始めて、失敗してしまう**ということが現実にあります。

ああっ、まさにそういう人が身近にいます！　会社の先輩だけど、退職金をＦＸ（注）につぎこんで大失敗しちゃったんです。

　その人は奥さんにめちゃめちゃ怒られて、損を埋めるために再就職したんですけど、体がきつくて大変だって。そういう話を聞くと投資ってやっぱり怖いなって……。

（注）ＦＸ　Foreign Exchangeの略。外国為替証拠金取引と呼ばれている投資です。米ドルと日本円を交換するなど、通貨と通貨を交換する取引のこと

それはなかなかつらい話ですね。しかし**私がお勧めするのはそういうギャンブル性の高い投資とはまったく違います**。しかも難しいことは一切ないので、初めての人でも安心して取り組んでいただけると思います。

　まず基本的な考え方として、「大儲けをする」という発想ではなく、「**年金の不足分を埋**

める」ことを出発点として、確実性の高いもので運用していきます。

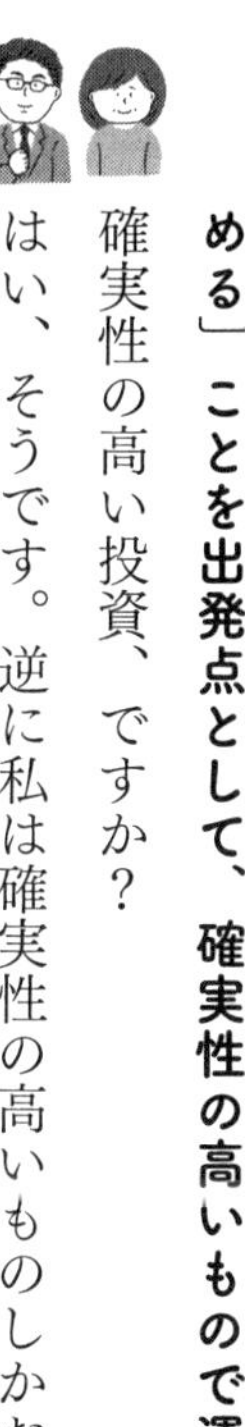

確実性の高い投資、ですか？

はい、そうです。逆に私は確実性の高いものしかお勧めしないです。

まずは先ほど算出した不足分の月8万円を目安に考えます。資産運用で月8万円以上が入れば理想的ですが、無理をしなくても、3～5万円ほどのプラスを出せればいいと考えましょう。

月3万円としても、年額では36万円になります。30年では1080万円です。先ほど、30年間の不足額を2880万円と算出しましたが（19ページ）、これから1080万円を差し引くと不足額は1800万円となります。元々の手持ちのお金が3000万円ですから、残りは1200万円ですね。

つまり95歳の時点でも手元に1000万円以上が残る計算となります。

気持ちの上ですごくラクになりますね。ちょっとくらい長生きしても大丈夫かも（笑）。

今度は**月3万円の利益を出すために、どのぐらいの投資をすればいいか**を考えます。それはもちろん何に投資するかによって変わってきます。

鴨下さまの場合、**資金が3000万円ありますが、これを全部投資する必要は全然なく**

て、たとえば半分は現金で持っておいて、残りの半分を投資に回すとか、あるいは次の章で述べる「つみたてNISA」で少しずつ積み立てるとか、そんなイメージでいいと思います。

あるいは向こう**10年間の不足分程度を手持ちとして確保しておいて、残ったお金を運用に回す**という考え方もいいと思います。

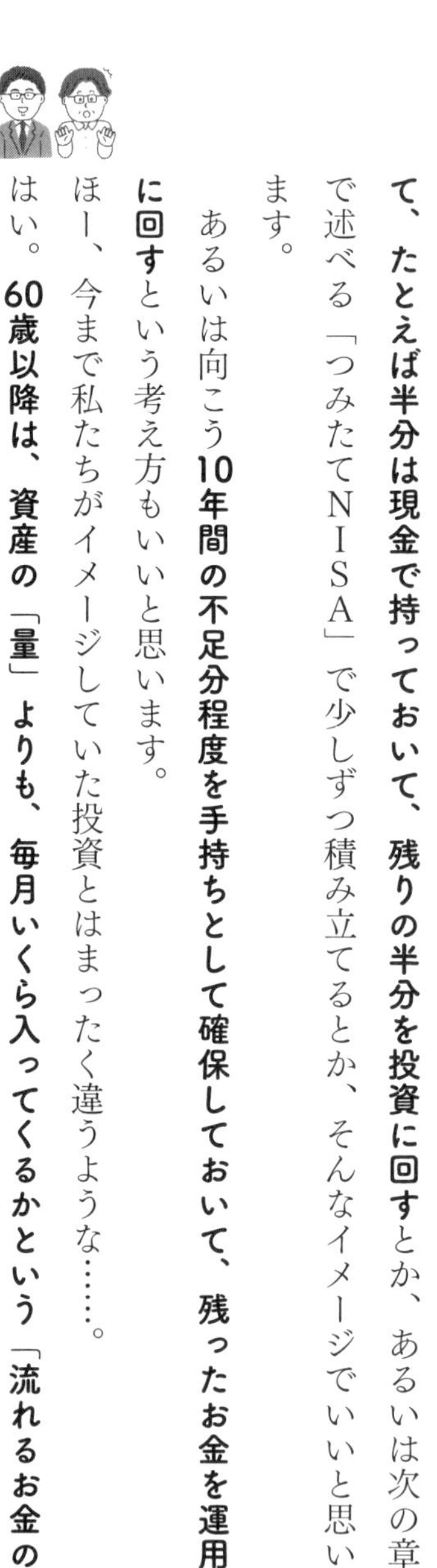

ほー、今まで私たちがイメージしていた投資とはまったく違うような……。

はい。**60歳以降は、資産の「量」よりも、毎月いくら入ってくるかという「流れるお金の量（キャッシュフロー）」を大切に考えることが必要**だと思います。

たとえば今お二人が60歳で、70歳までの10年間で少しずつNISAを積み立てていけば、さすがに倍は難しいと思いますが、**元金よりはまず増える**だろうと考えられます。そうしたら先ほど述べた**インフレに対する対応力も十分つく**わけです。

そうやって10年、15年スパンで上手に運用して増やしていけば、70歳、80歳になったときにどんどんラクになっていくはずです。

それはありがたいです！

そこで私から提案するのは**大きく2つの柱があって、1つ目はNISA、2つ目は不動産**

資産運用の目的

収入 ＋ 金融資産の取り崩し ＋ 運用益 ＞ 支出

投資です。そしてこれらを補完する意味で保険の見直し、ポイ活なども併せて行っていけば、手堅くしっかりした資産形成ができていくと思います。

正直、これからはお金が減る一方だと思っていました。「資産を増やす」なんて考えていませんでした。

資産運用の目的は「**収入＋金融資産の取り崩し＋運用益＞支出**」という状態に持っていくことです。これが達成できれば安心して老後を迎えることができます。

いいですね！　明るい老後が見えてきた気がします！

もうひとつ、別の観点からのお話なのですが、退職金でまとまったお金が入った方に対して、金融機関からいろいろ金融商品を勧められることがあります。「資産をさらに増やしませんか？」みたいな感じで……。

もちろん金融機関の方も悪意を持って近づいてくるわけではないけれど、そこで資産運用の経験がなくて知識がないと、商品を見きわめることができなかったりします。その結果、「もっともいい選択」ができなくなるという可能性もあるわけです。

なるほど……。それならば「投資をする・しない」は置いておいたとしても、知識を持っておくことは大事ですね。

「記憶の配当」

ちょっとここで差し出がましいかもしれないのですが、私からのご提案というか、ぜひ考慮に入れていただきたいことがあります。それは「記憶の配当」という考え方です。

記憶の配当？　なんですかそれは？

はい。「記憶の配当」とは『DIE WITH ZERO　人生が豊かになりすぎる究極のルール』（ダイヤモンド社）で使われている言葉です。

この本では「ただお金を貯めるだけで人生を終えてしまうのはあまりにもったいない、使うことで人生を豊かにしよう」と提唱されています。

当然ですが、お金は天国には持って行けないですよね。そして**お金はご自分の人生の楽**

しみを広げたり、人を喜ばせることのできたりするツールでもあります。

つまりお金を使うことによって「経験」や「記憶」が「配当」として受け取れるわけです。**「これにお金を使ってよかった」と思える経験を積み重ねることで、人生はより豊かになるという考え方**です。

なるほど！　今まで貯めることにしか視点が向いていなかったです。

鴨下さまはご夫婦で力を合わせてお子さんを育て、家を買って、ここまで貯金をされてきました。この資金はなによりも価値のあるものです。だからこそ趣味や旅行に使ったり、お子さんやお孫さんのために使ったりと、人生を楽しむために「使う」ことも考えていただきたいという私からの提案です。

なんか感動……！

私も実際、この仕事をしていると、**貯め込むだけ貯め込んだのはいいけれど、高齢になってしまって、体も動かず、もう使いようがない……と後悔する人**の話を聞くわけです。

またお二人には相続人がいらっしゃいますが、相続人がいない方が亡くなった場合、遺産は国庫に入ります。その総額が年間600億円以上あるそうです。国庫は潤うかもしれないけれど、貯めた側からすれば実にもったいない話ですよね。

この本では人生には貯める時期と使う時期があるとしていて、**60代からは資産運用も続けつつ、お金を使う時期であるとしています。極端に言ってしまえば、亡くなるときに資産が「0円」というのが、キレイなお金の使い方**だというわけです。

0円ですか！　そんなに都合よく逝けますかね（笑）。子どもたちにも少しは残したいんですけど。

もちろん実際に0円になる必要はないし、お子さんたちへの贈与や相続もしていいのです。それらについてはあらかじめ取り分を決めておきましょうという話です。

要は貯めることばかりでなく、生きた使い方をすることにも目を向けていただきたいということなんです。

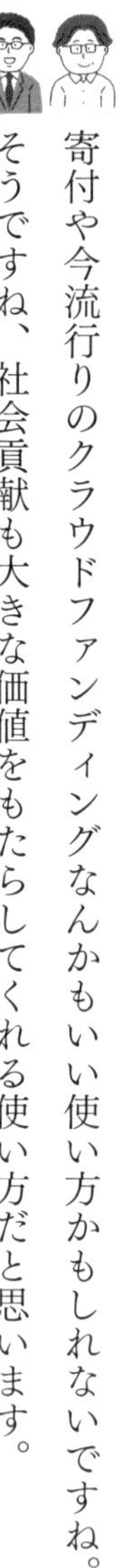

寄付や今流行りのクラウドファンディングなんかもいい使い方かもしれないですね。

そうですね、社会貢献も大きな価値をもたらしてくれる使い方だと思います。

お金を増やしてガッツリ楽しく使う！　なんだかこれから先が楽しみになってきました！

それはよかったです。では早速お二人の老後資金のプランを立てていきましょう！

Part 2 知識ゼロから始めるNISA

今さらですけど、ＮＩＳＡって何？

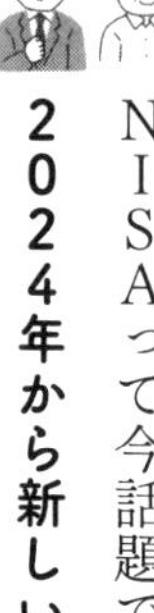

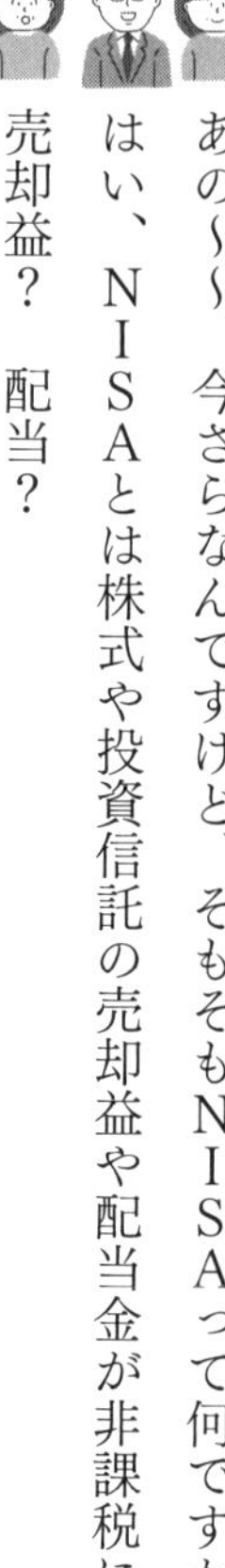

鴨下さまにお勧めする**資産形成の１つ目は「ＮＩＳＡ」**です。

ＮＩＳＡって今話題ですよね。

２０２４年から新しい制度が始まり、今までよりさらに拡充されて使い勝手が良くなるということで、非常に注目されています。

あの〜〜、今さらなんですけど、そもそもＮＩＳＡって何ですか？

はい、ＮＩＳＡとは株式や投資信託の売却益や配当金が非課税になる制度です。

売却益？　配当？

売却益は買った株が上がって、それを売ったときに出た利益、配当は企業が稼いだ利益を株主に配ることです。要は投資で出る「利益」のことです。

たとえばＮＩＳＡで年間１００万円投資して、５万円の利益が出たとします。

その**利益に対して、通常は20％程度の税金がかかるのですが、ＮＩＳＡ枠で運用して、そこで出た利益は非課税**になるんです。

なんでＮＩＳＡという制度があるのですか？

国民の資産形成を政府が後押しするという目的があります。やっぱり先の老後２０００万円問題もあり、それを解決しないといけないということです。

「多くの人が年金だけでは足りないので、自分で投資を活用して準備して欲しい」という政府からの要望と考えてください。それが２０２４年からはさらに拡充するわけです。

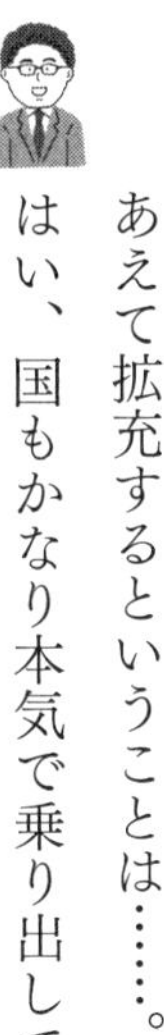

なるほど……。国としては本来、できるだけ税金を取りたいわけじゃないですか。それをあえて拡充するということは……。

はい、国もかなり本気で乗り出しています。貯蓄から投資へとお金を流す受け皿（箱）を拡充することで、「投資は長い目で見ればメリットがありますよ」という、国からのメッセージと受け止めることもできます。

せっかく用意してくれた箱なので、無理のない範囲で使うのがいいと思います。

2023年までのＮＩＳＡ制度

・一般ＮＩＳＡは、株式・投資信託等を年間120万円まで購入でき、それによって得られた利益に対して非課税になる（最大５年間）
・つみたてＮＩＳＡは、一定の投資信託を年間40万円まで購入でき、それによって得られた利益に対して非課税になる（最長20年間）
・ジュニアＮＩＳＡは、株式・投資信託等を年間80万円まで購入でき、それによって得られた利益に対して非課税になる（最長５年間）
※「ＮＩＳＡ」と「つみたてＮＩＳＡ」は併用できない

2024年からの新制度

・非課税保有期間の無期限化
・口座開設期間の恒久化
・つみたて投資枠と、成長投資枠の併用が可能
・年間投資枠の拡大（つみたて投資枠：年間120万円、成長投資枠：年間240万円、合計最大年間360万円まで投資が可能）
・非課税保有限度額は、全体で1800万円（成長投資枠は、1200万円。また、枠の再利用が可能）

新制度と旧制度の違いは？

２０２３年までの旧制度では、「一般ＮＩＳＡ」「つみたてＮＩＳＡ」未成年が利用できる「ジュニアＮＩＳＡ」の３種類があって、それぞれ次ページの図１のような違いがあります。それが新制度では図２のように「**つみたて投資枠**」と「**成長投資枠**」になります。

投資枠は**つみたて投資枠が１２０万円**、**成長投資枠が２４０万円で、年間投資枠は合わせて３６０万円**までの投資ができることになりました。

つまり**今までの制度からは大幅に投資枠が広がった**わけです。

毎年３６０万円ずつ投資して、それをずっと続けていけるのですか？

上限があります。**非課税で保有できるのは２つの投資枠合わせて１８００万円**までとなっています。そのうち**成長投資枠は最大１２００万円まで保有可能**です。なお、**どちらも保有期限は無期限**です。

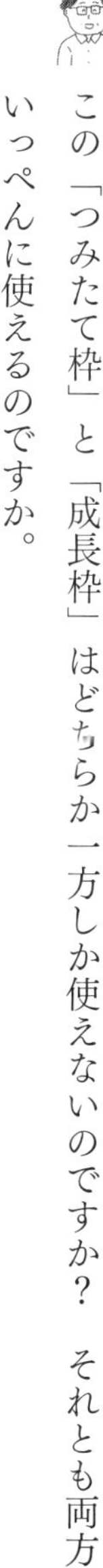

この「つみたて枠」と「成長枠」はどちらか一方しか使えないのですか？　それとも両方いっぺんに使えるのですか。

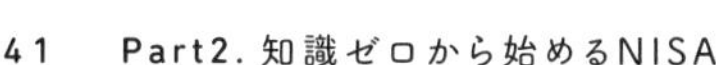

図1－旧制度のＮＩＳＡ

2023年までのNISA

（2023年まで）

	NISA（20歳以上）		ジュニアNISA（20歳未満）
	一般NISA	つみたてNISA	
制度開始	2014年１月から	2018年１月から	2016年４月から
非課税保有期間	５年間	20年間	５年間 ※ただし、2023年末以降に非課税期間が終了するものについては、20歳まで非課税で保有を継続可能
年間非課税枠	120万円	40万円	80万円
投資可能商品	上場株式・ETF・公募株式投信・REIT等	長期・積立・分散投資に適した一定の投資信託 ※金融庁への届出が必要	一般NISAと同じ
買付方法	通常の買付け・積立投資	積立投資（累積投資契約に基づく買付け）のみ	一般NISAと同じ
払出し制限	なし	なし	あり（18歳まで） ※災害等やむを得ない場合には、非課税での払出し可能
備考	一般とつみたてNISAは年単位で選択制 2023年１月以降は18歳以上が利用可能		2023年末で終了

図2－新制度のＮＩＳＡ

2024年からのNISA

	つみたて投資枠（併用可）	成長投資枠
年間投資枠	120万円	240万円
非課税保有期間（注1）	無期限化	無期限化
非課税保有限度額（総枠）（注2）	1,800万円　※簿価残高方式で管理（枠の再利用が可能）	1,200万円（内数）
口座開設期間	恒久化	恒久化
投資対象商品	長期の積立・分散投資に適した一定の投資信託 ［現行のつみたてNISA対象商品と同様］	上場株式・投資信託等（注3） ［①整理・監理銘柄②信託期間20年未満、毎月分配型の投資信託及びデリバティブ取引を用いた一定の投資信託等を除外］
対象年齢	18歳以上	18歳以上
現行制度との関係	2023年末までに現行の一般NISA及びつみたてNISA制度において投資した商品は、新しい制度の外枠で、現行制度における非課税措置を適用 ※現行制度から新しい制度へロールオーバーは不可	

（注1）非課税保有期間の無期限化に伴い、現行のつみたてNISAと同様、定期的に利用者の住所等を確認し、制度の適正な運用を担保（注2）利用者それぞれの非課税保有限度額については、金融機関から一定のクラウドを利用して提供された情報を国税庁において管理（注3）金融機関による「成長投資枠」を使った回転売買への勧誘行為に対して、金融庁が監督指針を改正し、法令に基づき監督及びモニタリングを実施（注4）2023年末までにジュニアNISAにおいて投資した商品は、5年間の非課税期間が終了しても、所定の手続きを経ることで、18歳になるまでは非課税措置が受けられることとなっているが、今回、その手続きを省略することとし、利用者の利便性向上を手当て　出典：金融庁

併用できます。旧制度では「つみたてＮＩＳＡ」と「一般ＮＩＳＡ」のどちらかしか選べなかったのですが、**新制度は同時併用が可能**となりました。

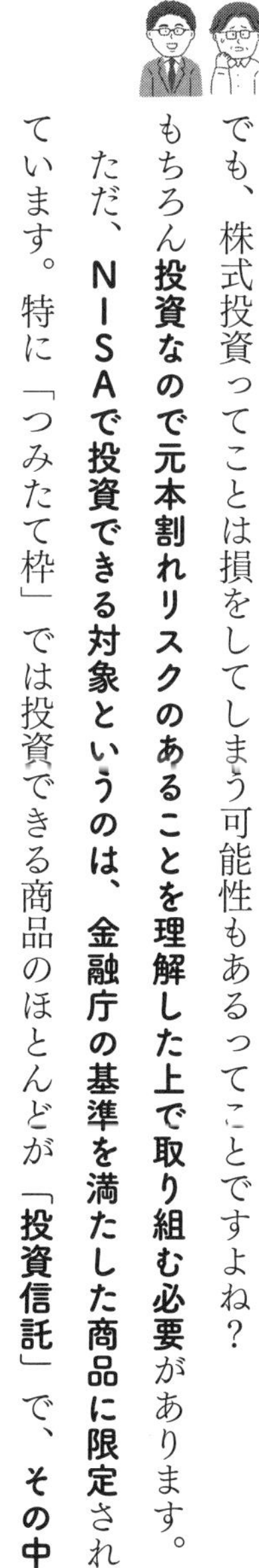

「元本割れのリスク」、どうとらえる？

でも、株式投資ってことは損をしてしまう可能性もあるってことですよね？

もちろん**投資なので元本割れリスクのあることを理解した上で取り組む必要**があります。ただ、**NISAで投資できる対象というのは、金融庁の基準を満たした商品に限定**されています。特に「つみたて枠」では投資できる商品のほとんどが「**投資信託**」で、**その中でも運用が安定的な商品**が選ばれています。

あの〜、「投資信託」って何でしょうか。

預かったお金をプロが運用してくれる仕組みです。これについてはあとから詳しく説明しますね。

「成長枠」のほうは個別株にも投資できますが、レバレッジ商品など、ガーッと上がって、いきなり暴落するようなリスクの高いものは除外されています。

ですから**NISAはもともと低リスクで資産運用がしやすいのです**。さらにその中でもよりリスクの低い投資方法を実践していくことで、元本割れを防ぐ可能性が高いわけです。

リスクの低い投資方法とは？

では「リスクの低い投資方法」というのはどのようなものですか？

はい、3つあります。**①「投資信託」などリスクの低い商品を選ぶ、②定期購入（ドルコスト平均法）、③できるだけ長期で運用する**です。

まず**①「投資信託」などリスクの低い商品を選ぶ**、です。投資する商品は自分で選ぶわけですが、ここでなるべくリスクの低いものを選ぶことが重要です。これは「投資信託」の説明と合わせて、あとから説明しますね。

そして**②「定期購入」は、つまり「つみたて」のこと**です。これは「毎月3万円」など、同じ金額を定期的に買い続ける方法です。「**ドルコスト平均法**」と呼ばれます。

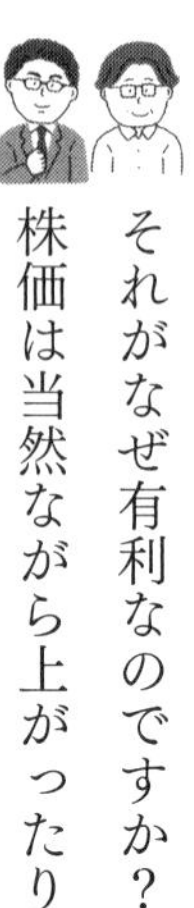

それがなぜ有利なのですか？

株価は当然ながら上がったり下がったりしますよね。**毎月同じ額を購入するということは、**

株価が高いときは少ない株数になるし、安いときは多い株を買えるということになります。
　つまりそれを続けることで**「一株当たりの平均購入価格」を抑えることができる**わけです。これによって**元本割れのリスクを減らせる可能性が高く**なります。次ページの図3をご覧ください。

僕のパチンコと同じだ！　毎回、軍資金3000円で、昨日は負けたけど、今日は勝ったというように成績がトントンになっている。僕のパチンコってリスクを抑えた理想的な方法だったんですね！

何言ってるの、負けるほうが多いじゃない。
それはちょっと違うような……(笑)。

　そして**リスクを減らす方法の③は、なるべく長期で運用すること**です。次ページの図4を見てください。長期投資の有効性について、金融庁が公開している「保有期間と収益率の分布」についての資料です。
　この表の**元本割れする確率に注目**してください。**保有期間が5年の場合は、元本割れの確率が10～20%程度ありますが、保有期間が20年になると元本割れの確率はほぼ0%になる**と読み取れます。

図3－ドルコスト平均法

株価の動き		1,000円	1,500円	500円	1,000円	合計	平均購入価格
定額購入法の場合	購入株数	10株	6.7株	20株	10株	46.7株	1株あたり
	購入額	10,000円	10,000円	10,000円	10,000円	40,000円	**856.5円**
定量購入法の場合	購入株数	10株	10株	10株	10株	40株	1株あたり
	購入額	10,000円	15,000円	5,000円	10,000円	40,000円	**1,000円**

出典：日本証券業協会

図4－保有期間と収益率の分布

国内外の株式・債券に分散投資した場合の収益率の分布

20年の保有期間では、投資収益率２～８％（年率）に収斂。

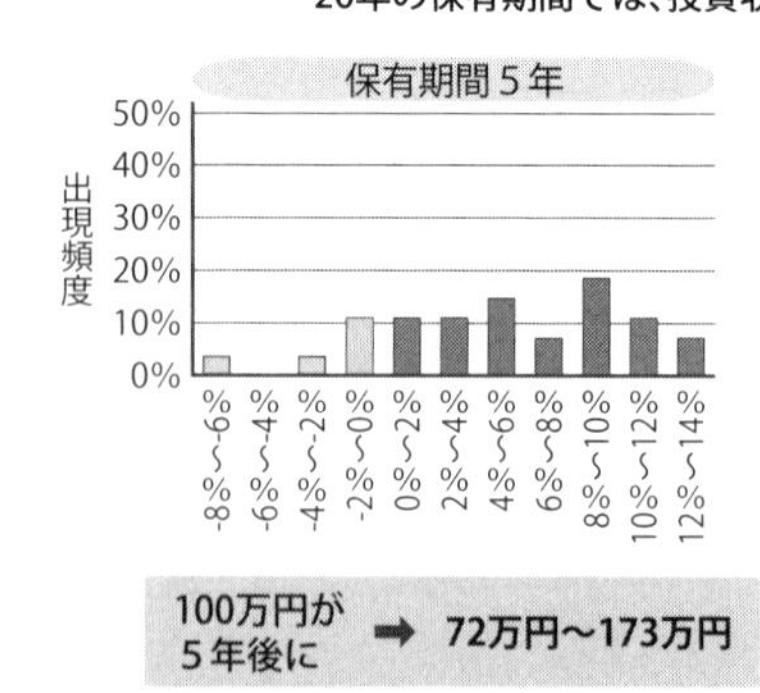

100万円が５年後に ➡ 72万円～173万円

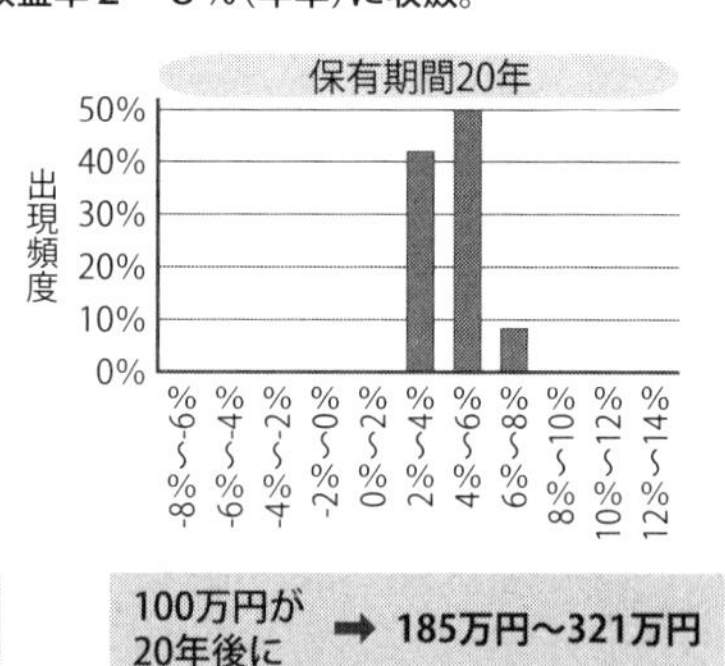

100万円が20年後に ➡ 185万円～321万円

（注）1985年以降の各年に、毎月同額ずつ国内外の株式・債券の買付けを行ったもの。各年の買付け後、保有期間が経過した時点での時価をもとに運用結果及び年率を算出している。　出典：金融庁

なるほど、**数年で大きく儲けようとガッガツするのではなく、長い目で見てちょっとずつ増やすことを目指せばいい**のですね。

その通りです。鴨下さまの場合、10年後、20年後を見据えての資産運用ですから、その考え方が最適だと思います。

運用を始めてこの先、もしかしたら株価が下がったりして不安になることもあるかもしれませんが、そこで慌てるのではなく「長い目で見てどうか」という視点を常に持っていただければと思います。

リスクの低い投資法3つのポイント

①「投資信託」などリスクの低い商品を選ぶ

②定期購入する（ドルコスト平均法）

③できるだけ長期で運用する

リスクを抑えるための商品選びとは？

順序が逆になりましたが、ここで「リスクの低い投資法3つのポイント」の①に戻って、**どの商品を選ぶか、つまり投資の対象をどれにするか**についてご説明しましょう。

先ほど述べたように、NISAは投資できる対象商品というのがあって、そこから選びます。ここで先ほどの図2を見てください。まず「つみたて枠」からお話ししますね。「つみたて枠」で投資できる商品は先ほど出てきた「投資信託」に基本的には限られます。旧制度の「つみたてNISA」の対象商品と同じです。

投資信託というのは、投資したい人から集めたお金をプロが運用する金融商品です。証券会社のほか、郵便局や銀行などでも扱っています。

投資信託にも種類があって、「インデックスファンド」、「アクティブファンド」といったものがあります。それぞれの説明は「用語」を見てください。

投資信託では扱う対象が株（国内、海外）のほか、債券を運用するもの、不動産を運用するものなどもあります。

図５－つみたてＮＩＳＡ対象商品の分類

（2023年6月23日時点）

つみたてNISA対象：233本				
		国内	内外	海外
公募投信	株式型	44本（31本）	20本（２本）	60本（31本）
	資産複合型	５本（２本）	94本（36本）	2本（1本）
ETF		３本（０本）	—	5本（0本）

※（　）内の数字は、届出開始当初の（2017年10月2日）の商品数

プロが運用してくれるなら楽でいいですね！

それが**投資信託の最大のメリット**です。いちいち株価を見て「上がったから売ろう」「下がったからどうしよう」などと考える必要がなくて、お任せできますから。

それから**投資信託は「分散投資」といって、さまざまな商品に分散して投資されているため、リスクが抑えられます。**

私たちにぴったり！　それにします！

まだ話の途中じゃない（笑）。

はい（汗）。今の商品選びは「つみたて枠」についての話です。

次に「**成長枠**」では、**上場株式や上場投資信託**（ＥＴＦ）、**上場ＲＥＩＴ**（不動産投資

信託）などが対象となります。個別株にも投資できるわけです。旧制度の一般ＮＩＳＡと比べて図2の条件が追加されます。

成長枠ではリスクの高いものは除外される！

- **整理銘柄**（上場廃止が決定した銘柄のこと）
- **監理銘柄**（上場廃止の可能性のある銘柄のこと）
- **信託期間が20年未満**
- **高レバレッジ型、毎月分配型**

つみたて枠と成長枠の使い分け

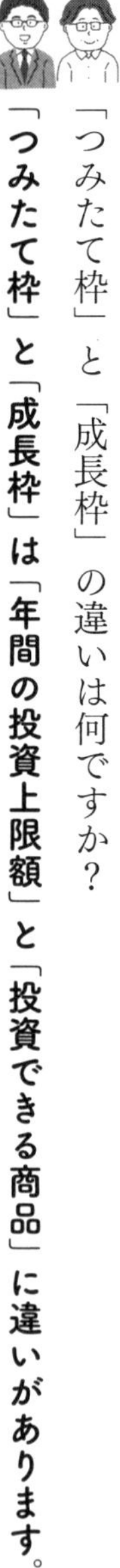

「つみたて枠」と「成長枠」の違いは何ですか？

「つみたて枠」と「成長枠」は「年間の投資上限額」と「投資できる商品」に違いがあります。

もちろん投資方法も違います。つみたて枠は毎月など決めた金額を継続的に積み立てていきます。額は途中で変更することも可能です。

一方、成長枠は1年の間に上限に達するまで好きなときに好きな額を投資できます。もちろん成長枠のほうも、毎月決まった額を積み立ててもOKなんです。

つみたて枠は年間120万円ですよね。ということは月10万円が限度ですよね。でも年間360万円を投資できるということは、たとえば毎月30万円ずつ積み立てたらどうなりますか？

つみたて枠の120万円を超えた分は成長枠を使うことになります。新制度はその辺の柔軟性が非常に高いです。

つみたて枠は投資信託だけだけど、成長枠では個別株も買えるわけですよね。

個別の株は選ぶのが難しそう……。

目利きに自信がないね。やっぱり投資信託にお任せ！　っていうのがいいなぁ。

そうですね、**投資初心者であれば、まずはつみたて枠、投資信託でスタートするのがベター**だと思います。

用語

▼▼インデックスファンド

指数（例：日経平均株価やTOPIXなど）に連動するように運用されている投資信託です。さまざまな銘柄に分散投資されているのでリスクが分散されています。パッシブファンドともいいます。また少額で取引が可能なこと、手数料などが低く抑えられていることも魅力です。目安となる指数には、日経平均株価、ダウ平均株価などの株価指数のほか、債券指数、ＲＥＩＴ（不動産投資信託）指数、コモディティ指数などがあります。

▼▼アクティブファンド

日経平均株価などの指数を上回る成果を目指して運用される投資信託です。より大きなリターンが得られる可能性がある反面、市場の平均リターンを下回る可能性もあります。またアクティブファンドはインデックスファンドに比べて手数料が高い傾向にあります。

インデックスファンドとアクティブファンド、どちらを選ぶ？

投資信託には「インデックスファンド」と「アクティブファンド」があるということなの

ですが、これはもう**初心者はインデックスファンドのほうがよさそう**ですね。

そうですね、それが無難だとは思います。大きなリターンはないかもしれないけど、市場平均に近い成績を目指すのがインデックスファンドですから。コストも低いから運用利益が出やすいです。そういう意味では安心感はあると思います。

アクティブファンドもいろいろな会社が出していて、それぞれが「自分のところはこんな成績を上げています！」「市場平均をこんなに上回っている」などとうたっているのですが、実際にはインデックスファンドの平均値を上回っているアクティブファンドは2割から3割と言われているんです。

ほ〜〜。

投資の神様と言われるウォーレン・バフェットも「プロでない人は、インデックス運用を選ぶのがよい」という内容の発言をしているのですが、私自身の経験上からもそれは本当だなと思います。

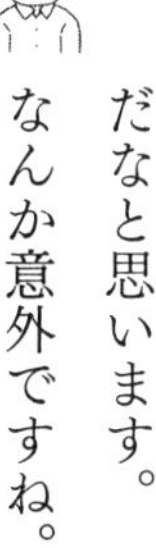

なんか意外ですね。ウォーレン・バフェットさんはあんなに儲けているのだから、山を張るような、きわどい勝負を勧めているのかと。

そうなんです。バフェットさんのようなプロだからこそ、優良株を買って長期で保有する

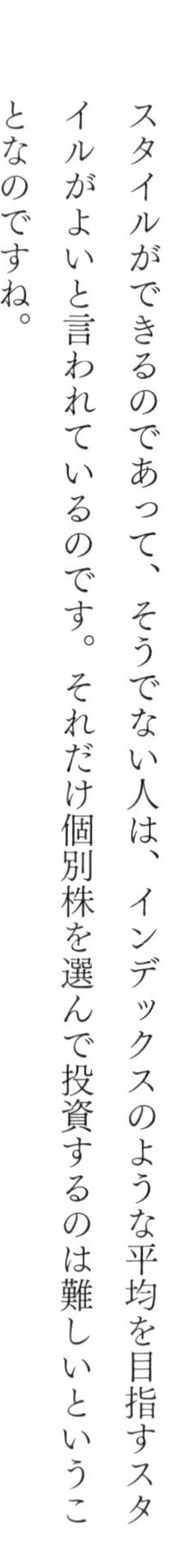

スタイルができるのであって、そうでない人は、インデックスのような平均を目指すスタイルがよいと言われているのです。それだけ個別株を選んで投資するのは難しいということなのですね。

でも、アクティブファンドも決してNGというわけではないと思います。私のイメージなのですが、**投資信託って「船」みたいなものだと思うんです。その会社の理念に共感できれば、その船に一緒に乗ってみるというのも「あり」ではないか**と考えます。

ただ、それも株式運用に慣れて、知識を深めていただいた段階で慎重に踏み出すのがいいのではないかと思います。

運用方法の目安はある？

そうすると、うちのNISAの方針がだんだん固まってきました。まずは「**インデックスファンド**」**を中心に「つみたて枠」でコツコツ積み立てる**こと。このシンプルな感じがうちにはピッタリです！

でも、「つみたてNISAの対象商品」（金融庁：https://www.fsa.go.jp/policy/nisa/20170614-2/26.

pdf）を見ると、インデックスファンドといってもいっぱいあって何が何だかわかりません（笑）。

ホントだ。国内型と海外型があって、株式重視のものや債券重視のものもありますね。

そこで**ひとつの目安として「国と同じポジションを取る」ことを私はお勧め**しています。

国？

はい、そうです。こちらをご覧ください。**「年金積立金管理運用独立行政法人」**といって、年金の積立金を運用している行政法人があるのです。要は集めた積立金を運用しながら適切に管理することを目的にしているわけです。

私たちが払ってる年金の保険料って、ただ貯めているわけじゃなくて、こうやって運用されているのですね。

そうなんです。年金事情もなかなか厳しい折、国も運用して増やす努力をしてるんですね。

この行政法人が公表している運用結果を見ると**2001年度以降21年間の実質的な運用利回りは3・38%**（2001〜2022年度第3四半期までの利回り）**と、安定的に利益を生み出しています。**

57ページの図6は「100万円を10年間運用した結果」を示したものです。たとえば

2000年から2010年までの10年間とか、2001年から2011年までの10年間といったように、10年スパンで区切ったとき、ならしてみると**元本を下回っている10年はないんです。**もちろん年によって変動はありますが。

ホントですね、これはすごい！

この運用実績のポイントが図7にあります。これで見ると国内株式、外国株式、国内債券、外国債券に25%ずつ配分しているのがおわかりでしょう。

キレイに4分の1ずつなんですね。

ということは、**この投資法を踏襲することで、元本割れのリスクが極力抑えられる**と考えられるわけです。

つまり、「投資信託」で運用するのであれば、**国内株式を運用する投資信託、海外株式を運用する投資信託、国内債券を運用する投資信託、外国債券を運用する投資信託の4つに等しく分散する**ということになります。

それはいいですね。頭のいい人たちが考えた方法をマネしたいです（笑）。

もちろん100%ではないけれど、安定感はすごいです。国は3・38%という利回りを出していますが、ここまで行かなくても、まあ3%としても十分な利回りだと思います。

図6 — 100万円を10年間運用した結果

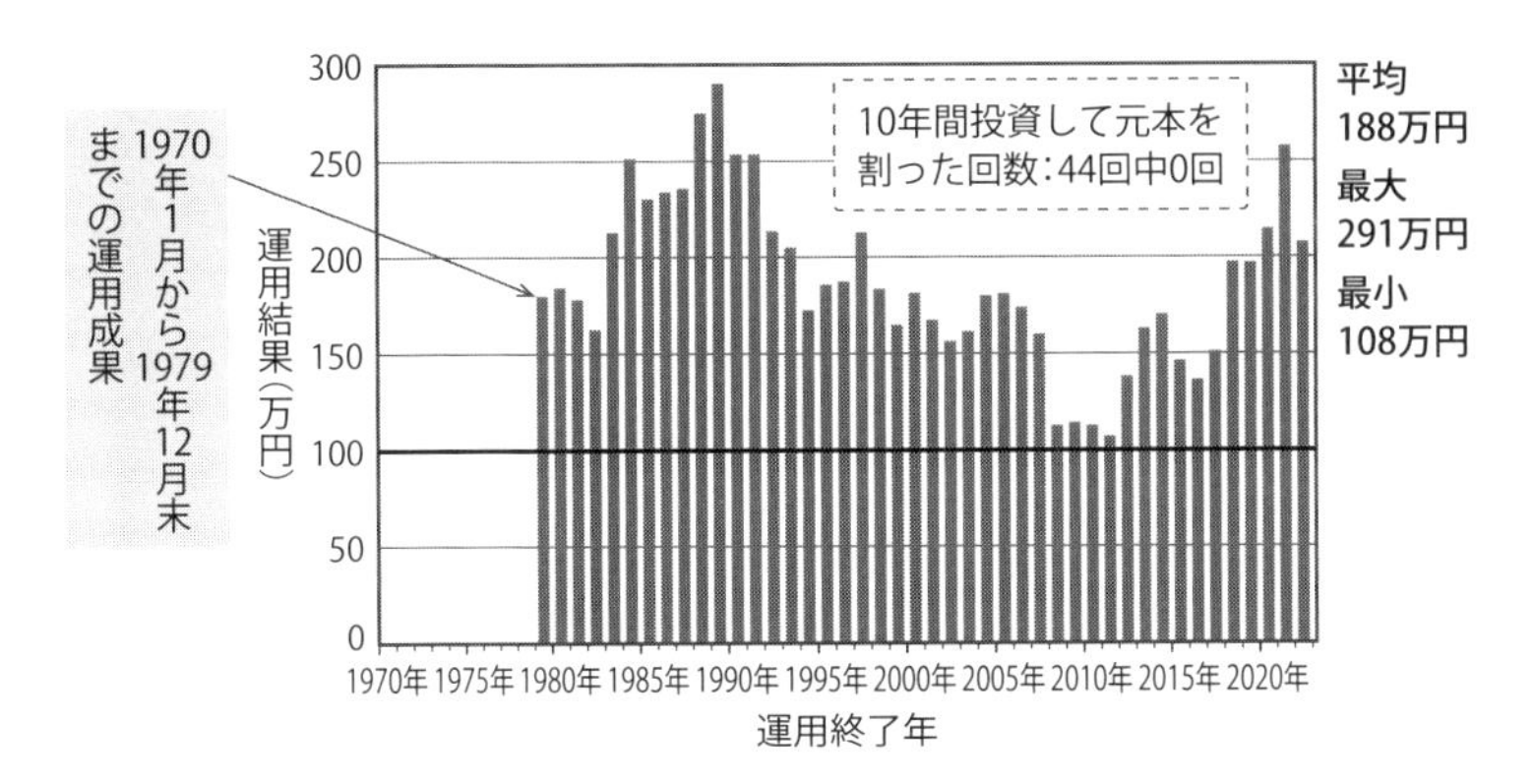

過去に100万円を国内債券、国内株式、外国債券、外国株式の4資産に25%ずつ投資し、10年間保有した場合の運用成果。10年間の運用成績をみると、100万円の投資元本を割り込んだことがない。

出典:年金積立金管理運用独立行政法人

図7 — 基本ポートフォリオ

		国内債券	外国債券	国内株式	外国株式
資産構成割合		25%	25%	25%	25%
乖離許容幅	各資産	±7%	±6%	±8%	±7%
	債券・株式	±11%		±11%	

※乖離許容幅については、従来の4資産の幅に加え、株式リスクの管理強化の観点から、債券全体・株式全体についても乖離許容幅を設定しました。株式の保有上限は、各資産の乖離許容幅のみを踏まえれば、実質的に内外債券の合算である50%+13%となるところ、株式自体の乖離許容幅によって、50%+11%に制限されることになります。

出典:年金積立金管理運用独立行政法人

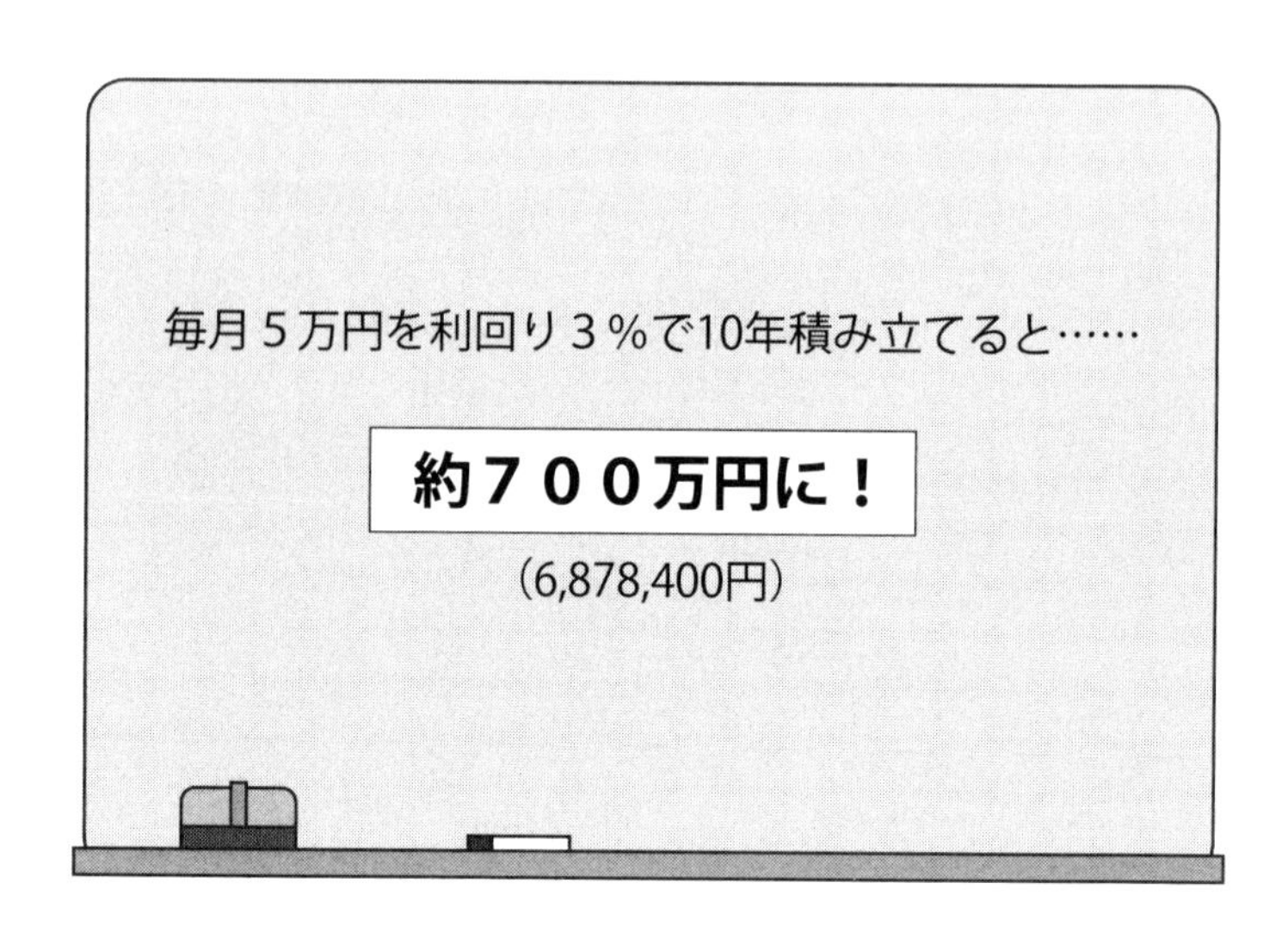

Part1で「インフレでお金が目減りするリスク」について話しましたが、3％の利回りで増やすことができれば、インフレに負けることなく、資産をしっかり守ることができると思います。

いいですね〜。投資するならしっかり勉強して慎重に始めないといけないと思っていたし、マイナスになるのが不安で、今までは手が出せなかったんです。でもこうやって**専門家の頭脳を借りて、お任せでいいならイケそうな気がしてきました。**

このように**リスクの低い形で少額ずつ投資していくのが、初心者の方でも始めやすい、堅実な投資の方法**だと思います。

用語

債券

国や企業などの発行体が、投資家から資金を借り入れるために発行する有価証券のことです。国や企業はお金を借りている間、投資家にあらかじめ決められた利子を支払います。債券は投資したお金を返す日（償還日）が決められていて、満期になったら全額を返さなければいけません。

債券は一般的に株式や投資信託と比べて、安全性の高い金融商品と言われます。しかしリスクがないわけではありません。たとえば債券の発行団体が財政不良に陥って、利息の支払いや元本の返済が不能に陥る恐れもあるわけです。また債券は市場の金利によって変動するため、満期の前に換金してしまうと損をしてしまうことも考えられます。ただ、こうしたリスクも、分散投資をすることで低くすることができます。

REIT（リート）

株式や債券ではなく、不動産を対象とした投資信託です。投資家から集めたお金で不動産を購入して運用し、譲渡益や家賃収入を分配します。不動産の専門家が運用するので安心なこと、また自分で購入するのと違って、換金性が高い（すぐお金に換えられる）ことが魅力です。もちろん元本割れのリスクはあり、また地震や天災などの予測のできない事情で分配金や価格が変動することもあります。

どの投資信託を選ぶ？

インデックスファンドを4つのカテゴリーに分散させるという話は理解しましたが、投資信託のそれぞれの商品を選ぶ必要があるわけですよね。それはどんな商品を選べばいいのでしょうか。

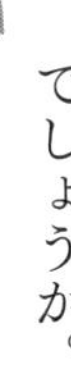

そうですね、どんな商品を扱っているかは、証券会社によって多少異なります。たとえばA証券では扱っていても、B証券では扱っていないということがあります。

ですから、**まずは証券会社を決めて、そこで出している商品の中から選ぶ**ことになります。あるいはあらかじめ「この投資信託がいい」という特定の希望があるのなら、その投資信託商品を出している証券会社を選ぶといいでしょう。

A証券会社のインデックスファンドをネットで見ていますが、ものすごくいろいろな商品があって、正直わけがわからなくて(汗)。何か選ぶ際の目安ってありますか？

投資信託は４つのカテゴリーに分散させよう

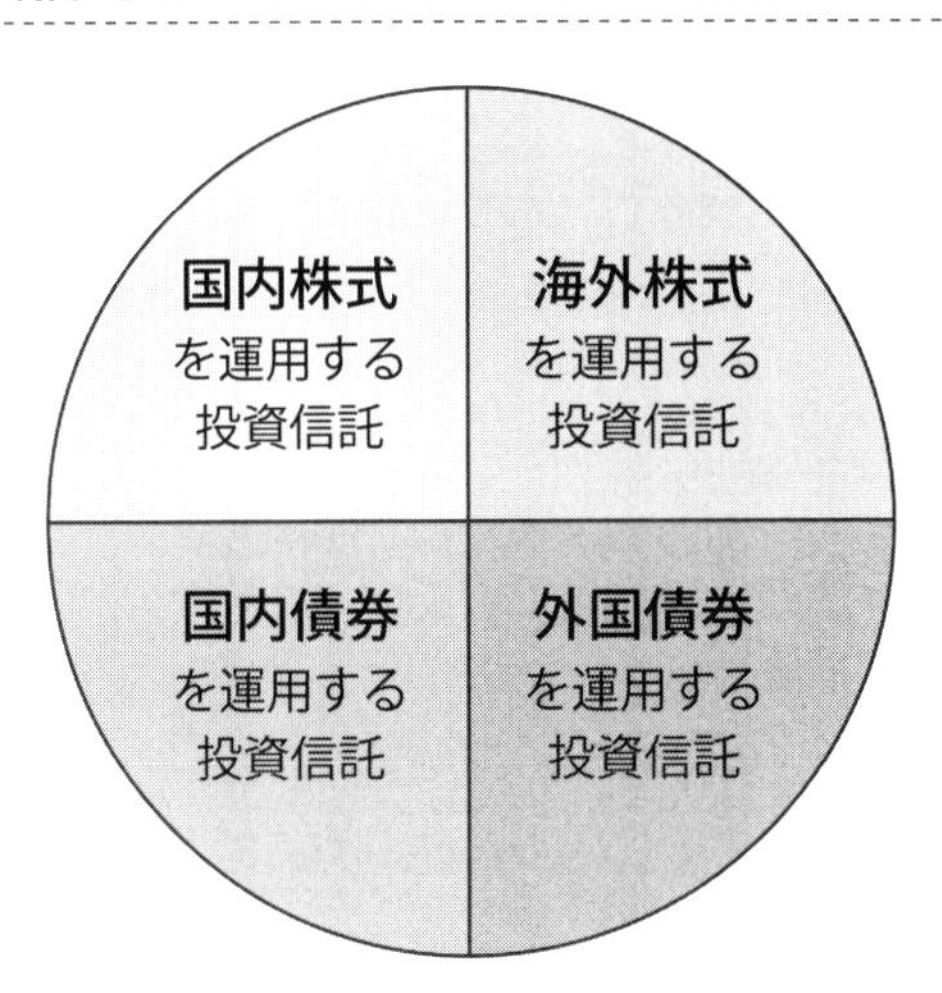

前述の通り、インデックス投信というのは、指数に沿った運用を目標とした投資信託です。ですから、**インデックス投資信託を選ぶ、というのは、「指数を選ぶ」ということとほとんど同じ**になります。

ですから**ニュースなどで見聞きすることの多い、日経平均やＴＯＰＩＸ、ダウ平均、全世界といったなじみのある指数に連動するものを選ぶのがいい**と思います。

なるほど。それを先ほど教えてもらった4つのカテゴリーごとに選べばいいですね。

そうです。選ぶ基準としては、ネットなどで人気商品を見てみて

● **信託報酬が低い商品**（**ランニングコストが抑えられている商品**）

純資産残高が多い商品（それだけたくさんの方に選ばれている商品）

を基本として、ご**自分で「これならわかりやすい」と感じる投資信託を、先の4つのカテゴリーから1商品ずつ選んでみる**のがいいと思います。

うーん、それにしてもたくさんあって……。

指数が同じであれば、運用成果に関しても、商品による違いはそれほど大きくはありません。

だからここで重要となってくるのは、**信託報酬のコストが低い商品を選ぶ**ことです。経費が掛からない分、運用成果として享受できるというイメージです。

用語

▼▼TOPIX（東証株価指数）

東証に上場されている企業を広く網羅し、その株価を指数化したもの。TOPIXに連動した投資信託は、どちらかというと大企業のウェイトが高めになります。

▼▼日経平均株価

TOPIXと並ぶ代表的な指数。「日経225」「日経平均」ともいいます。日経新聞が選ぶ225銘柄の株価から算出します。日経平均株価に連動した投資信託は株価が高い企業を多めに買えるようになっています。

全世界株式インデックス

全世界の企業を対象とした指数です。「MSCI（Morgan Stanley Capital International)」と「FTSE（FTSE Internatinal, Ltd.)」の2つが代表的な指数です。どちらも世界中（日本を含む先進国・新興国）の株を幅広く対象としています。違いはMSCIは大型株と中型株を対象とし、FTSEは大型株、中型株のほか小型株も含むということです。

実際にはどちらの指数と連動したものも、実はあまり運用成績は変わりません。なぜなら、全体に占める小型の株のシェアは低いため、全体に影響を及ぼすことがないからです。

ダウ平均株価（NYダウ）

米国の代表的なインデックスのひとつ。世界を代表する30銘柄の平均株価指数。

チェック

忘れてはいけない、コストの話

投資信託を保有すると、「信託報酬」というものが発生します。信託報酬とは自分の資産を専門家に運用してもらう「対価として支払う手数料」のようなものと考えてください。

この信託報酬はそれぞれの投資信託によって異なります。0・1〜0・2%の低コストのものから、1・5〜2%といったやや高めのものもあります。

信託報酬が高いと、同じ運用成果が出たとしても、その分を差し引くと利益が減ってしまいます。ですから特に初心者は低いものを選ぶのがよいでしょう。

「数パーセントの違いなんて大したことないのでは?」と思われるかもしれませんが、年単位で見ると違いが出ます。たとえば0・2%と2%であれば、その差は10倍になります。差は1・8%ですが、年数を積み重ねることで、その差は大きくなるわけです。

利益が3%出た場合、信託報酬が0・2%であれば2・8%の利益ですが、信託報酬が2%であれば1%の利益しか残らないわけです。

証券会社の選び方のコツは？

NISAを始めるときは証券会社で口座を開くんですよね？

そうです。NISA専用口座を開きます。よく名前を聞く大手の証券会社でもいいですし、最近はネット証券会社も人気です。

どちらがいいでしょうか。

投資信託を選ぶときに、**低コストを重視したいとか、相談などをしなくてもよい、あるいは担当者について欲しくないという場合は、ネット証券会社**を選ぶのがいいと思います。

ただ、何かあったときに、**窓口で担当者に相談したいと思われる方なら、大手証券会社のような店舗があるところ**がよいかもしれませんね。

担当者がつくといろいろ勧められて面倒なことになりませんか？

基本は担当者はみなさん、お客様に利益を出していただいて、いいお付き合いをしたいと願っているはずです。ただ証券会社もボランティアではなく、営利企業ですから、そのあたりの意識は忘れずに持っておくことが大事だとは思います。

というと？

中にはコストが高めの商品の場合などもありえるわけです。会社の方針で「今月はこの商品を勧める」というのがあって、それを勧めてくる場合も考えられます。

それは大手でも？

大手でもそうです。**証券会社が無料で相談にのってくれる理由はどこにあるか、**を考えていただくとおわかりかと思います。

ですから**アドバイスをもらいつつも、うのみにするのではなく、自分でも調べてみることが重要**ですね。「**証券会社を上手に利用する**」という心づもりで接してください。

いくら投資すればいい？

NISAについてだいたい理解できた気がします。

あとは毎月どのぐらい積み立てるかですね。つみたて枠が120万円、成長枠が240万円、計360万円ですよね。これを目いっぱい使いきったほうがいいんですかね？

上限いっぱい使い切るかどうかは個人の判断でいいのですが、鴨下さまは十分な資金がおありですから、それもいいと思います。

ただ先ほど「リスクの低い投資法」のところでも述べたように、**ドカンと一括で360万円を入れてしまうのではなく、360万円÷12で、毎月30万円ずつ積み立てていくほうがリスクは低い**です。毎月30万円ずつ入れれば5年（60カ月）で生涯上限の1800万円に到達します。

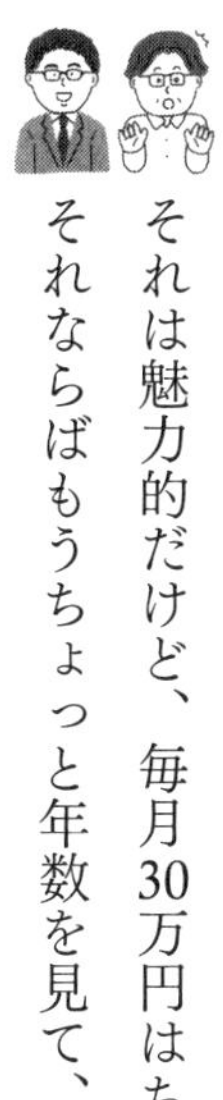

それは魅力的だけど、毎月30万円はちょっと多いかな？

それならばもうちょっと年数を見て、たとえばの話ですが、毎月15万円ずつ10年間積み立てるということも考えられます。

その場合は年間180万円で、上限の360万円を使いきることにはなりませんが、**無理なく積み立てていくことが一番大事**ですから。

あるいは、ある年は120万円入れたけれど、その次の年はちょっと余裕ができたからちょっと多めにして300万円……などという積み立て方もできます。新制度は柔軟性があるので、個人に合わせていろいろなパターンが考えられます。

株をもっと究めたくなったら……

つみたて枠、投資信託でガッチリ手堅く資産を増やしていって、将来的に「こんなに増えたのだから、もっと株をやってみたい！」ってことになったらどうすればいいですか？

しばらくその方式で続けて運用に慣れ、株式市場に興味がわいてきたら、「成長枠」、あるいは「個別株」も検討してみる……というのがいいのではないでしょうか。

そこまで行きつけるかな……？

ご自分の身近な会社、親しみを感じている会社に投資してみるなど、楽しく取り組めるなら、それも定年後の人生の張り合いになるかもしれません。

なんか私、株を勉強したくなってきました！

株式投資をすると世の中の流れに敏感になって、社会に興味を持つことにもつながると私は思うんです。

よく利用するスーパーとか飲食店、あるいは好みの服飾店を、どういう会社が運営しているのか、業績はどうなのか、そういうことを調べるのも楽しいものです。

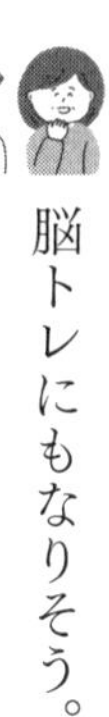

脳トレにもなりそう。

それ大事ですよね。会社の先輩を見ていてもそうなんですけど、仕事を引退すると世間と隔絶してしまうようなところがあるんですよね。そうするとガクッと老けてしまうんですよ。認知症を防ぐ意味でも、世の動きに興味を持つことは大事ですよね。

そうですそうです、株式投資にはそういう意味でのメリットもあるように思います。どうしよう、10年後には株で「億り人」とかいうのになっているかも♪

欲張り過ぎだよ……。

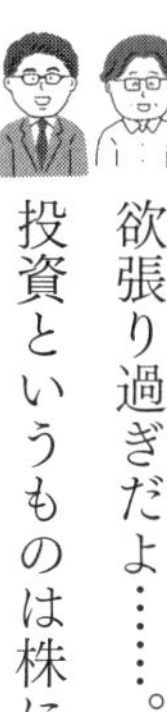

投資というものは株に限らないのですが、ご自分で内容がわからないものは選ばないことが鉄則です。つまり運用商品の仕組みがわからないものには手を出さないことです。**「欲を小さくすること。機会を待つこと」**という**意識が大切**だと思います。

欲の塊になっていました（笑）。

積極的に攻めの運用もいいのですが、**資産を守り、できるだけ減らさず、生活を維持していくことに意識を向けることがまずは大切**です。せっかくこうしてご縁のあった鴨下さまには、ぜひ大切な資産をガッチリ守っていただきたいと思っています。

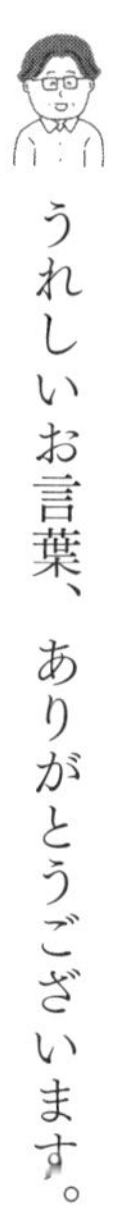

うれしいお言葉、ありがとうございます。

それと**新しく投資を始めるなら、ご子息とも情報を共有しておくことをお勧め**したいです。この先何かあったときのために、どこにどんな資産を持っているかなどを伝えておくことが大切だと思います。**年に一度は家族での資産会議みたいなことをする**のもよいのではないでしょうか？

あ、それいいですね！　今度子どもたちが帰ってきたら話してみます。

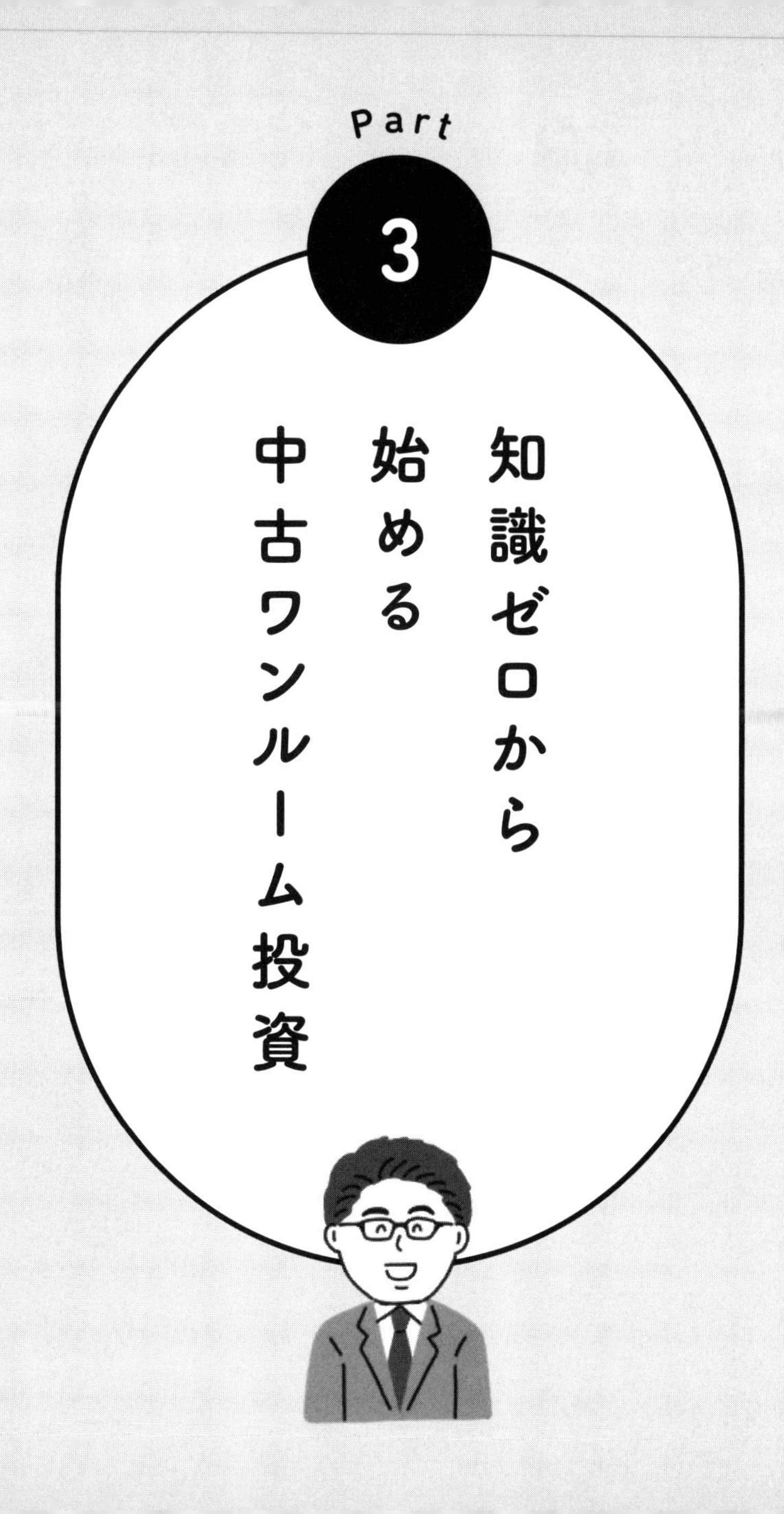
Part
3
知識ゼロから
始める
中古ワンルーム投資

ドキドキ……初めての不動産投資

鴨下さまにお勧めの投資の2つ目の柱は不動産投資です。

不動産投資っていうと、不労所得が得られる大家さん業ですよね。長年の憧れです〜。

でも不動産投資ってお金がたっぷりあって、不動産の目利きのできる人がするものでは……？　私たちのように知識もなく、資金力もない者ができるんでしょうか……。

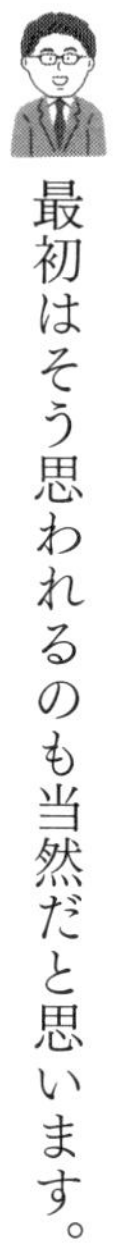

最初はそう思われるのも当然だと思います。でも**私自身が知識もなく、資金もないという状態から不動産投資を始めてコツコツ勉強もしながら16年経ち、資産運用の手段として非常にお勧めできる**と確信しています。

お話を聞いてダメそうなら率直に言います（笑）。

それがありがたいです。不動産投資と言っても、**私がお勧めするのは「中古ワンルームマンション」**です。

中古ワンルームマンションをお勧めする主な理由は、

購入しやすい価格であること

入居者の対応・共有部分の管理を管理会社に委託できること

の2つです。

なるほど、中古のワンルームマンションなら私たちでも買いやすく、管理もしやすそうですね。

もちろん不動産投資の知識があって、資金力がついてくれば、いろいろな買い方ができると思います。でも初心者の方の場合はまずは中古ワンルームマンションが扱いやすいです。

安定収入で年金代わりになる!

まず**1つ目のメリット**なのですが、不動産投資は、毎月の家賃収入が見込めることから、**「もうひとつの年金」「年金代わり」**になるということです。

今ある資金を不動産に変えることで、年金の不足分を補う、つまり「年金＋α」の収益を生み出す資産として保有することができるのが不動産です。

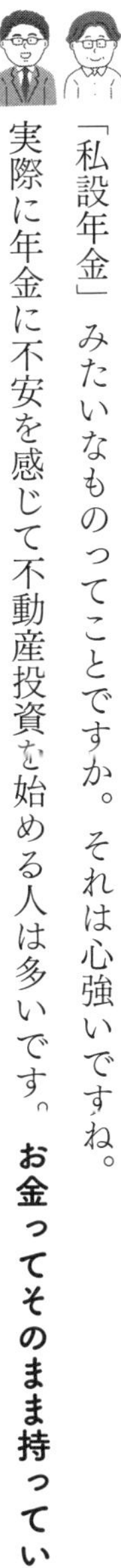

「私設年金」みたいなものってことですか。それは心強いですね。

実際に年金に不安を感じて不動産投資を始める人は多いです。**お金ってそのまま持ってい**

ても増えないけれど、お金を不動産に変えて持つことで「価値を生み出してくれる資産」になるわけです。

毎月ちゃんと家賃が入ってくるのが魅力的ですね。

毎月の家賃収入が見込めることが株式投資との違いですね。

はい、そうですね。もちろん空室になってしまえば家賃は入ってこないので、物件をしっかり選ぶこと、そして「年金プラスいくら欲しいか」というプランに合わせた、身の丈にあった買い方をすることが重要となってきますが。

それと株式のような**金融商品と違って、日々の値動きに一喜一憂せずにすむという、精神的な安心感**が不動産投資にはあります。

賃貸用不動産というのは「解約に少し時間がかかる定期預金」のような存在だと考えていただくといいと思います。

相続税対策になる！

不動産投資のメリットの2つ目は相続税対策になるということです。

当然ですが、預貯金などの金融資産はそのまま相続税の課税対象となります。現金を1000万円持っていれば、1000万円が相続税の対象です。

ところが賃貸用の不動産の場合は1000万円で購入して、それをご子息に相続する場合、**「1000万円」という購入価格ではなく、「評価価格」が相続税の対象**となります。評価価格はもちろん物件によって異なりますが、**購入価格の4～5割ほどで評価**されることが多いです。

1000万円の5割なら500万円だから、それに対する相続税でいいということですね。

そうなんです。繰り返しになりますが、これは「賃貸用」の場合です。これが賃貸用不動産が相続税対策になると言われている一番の理由です。

しかも相続した子どもたちとしても、その物件がまた家賃収入を生み出してくれるのはうれしいですよね。

そうです。**生きている間は年金の上乗せになってくれるし、ご自分が亡くなったあとも収入を生み出してくれる資産**として、お子さんだったり配偶者だったりに渡してうまく活用していける。そういう相続対策ができるのが不動産投資の魅力だと思います。

節税効果も！

それから**不動産投資は節税効果もある**んです。不動産投資の節税のポイントとして、**マイナスが出た場合、他の収入から損益分を差し引くことができる**のです。

つまり、500万円の給与所得がある人が、不動産投資で100万円のマイナスが出た場合、「500万円－100万円」で、この400万円に対して所得税や住民税などの税金がかかるということです。これを「**損益通算**」といいます。

今、サラッと「不動産投資でマイナスが出た場合」とおっしゃいましたね！（笑）　不動産投資で損をするなんてイヤなんですけど……。

あ、はい、すみません（汗）。これはですね、不動産を取得すると**減価償却費といって、かかった経費をいっぺんにその年の経費にするのではなく、何年かに分けて少しずつ経費として計上する仕組み**があるんです。

特に物件を購入した最初のうちは、減価償却費が大きく、ほかに初期費用もかかるし、必要経費が家賃収入を上回ってしまう、つまり赤字が出ることもあるのです。特に初年度はマイナスになることも多いです。

しかしその後は安定的にプラスになっていくのでご安心ください。もちろんしっかりした物件を選ぶことが条件となりますが。

減価償却は何年ぐらい続くのですか？

不動産の場合は、耐用年数と購入時の築年数で決まってきます。その決まった年数に応じて分割して経費に算入できます。耐用年数は物件によっても異なります。

私は会社員で税金は給料から天引きされていますが、その場合はどうなりますか？

確定申告をしていただきます。確定申告をすることで還付金を受けられます。

用語

▼「表面利回り」と「実質利回り」

不動産投資でよく目にする「利回り」という言葉があります。利回りとは投資金額に対してどれだけのリターンが得られるかの割合のことです。通常は1年間にいくら収益を上げるか、「年利回り」のことを指します。

利回りには「表面利回り」と「実質利回り」があります。表面利回りとは「年間家賃収入÷物件価格×100」で計算できます。

毎月9万円の家賃収入のある部屋が1800万円で売りに出されている場合
表面利回り＝（9万円×12カ月）÷1800万円×100＝6％
となります。

不動産の広告に「利回り6％」などと書かれているのはだいたい「表面利回り」のことが多いです。

これに対して「実質利回り」は家賃収入から管理費や修繕積立金などの「年間コスト」を差し引いて、「手元にいくら残るか」を割り出し、そこから計算します。

毎月9万円の家賃収入がある部屋が1800万円で売りに出されている。この部屋のコストは月1万2000円とすると……

実質利回り＝（9万円－1万2000円）×12カ月÷1800万円×100＝5・2％

となります。

この例だけ見ても0・8％も差があります。表面利回りをうのみにすることなく「実質利回り」を考えることが重要です。

融資を受ければ少ない自己資金でできる！

不動産投資というと、先ほど光男さんがおっしゃったように大きな自己資金が必要と思われている方が多いと思います。でも実際には少ない**自己資金でも始めることもできます**。というのも、**不動産投資は金融機関からの融資が受けられる**んですね。ローンを利用することで、少ない自己資金でも始めることができるわけです。

金融機関に行って「株式を買いたいのでお金を貸してください」と頼んでも、融資を受けられる可能性はほぼありません。いろいろな投資がありますが、融資が受けられるのはまず不動産投資だけです。**ローンを組むことで、「入居者に元金返済を手伝ってもらう」**

という考え方もできます。

そうか、**「資金が100万円で株式投資をしてリターンを得る」**のと、**「資金100万円で1000万円の物件を買って家賃というリターンを受け取る」**違いってことですね。

その通りです。

返済は家賃収入でまかなえるんですよね？

もちろんです。そのように計算して買うことが大事です。

それなら**家賃収入で毎月の返済ができて、返済が終われば家賃分がそっくり入ってくる**というわけですね。もちろん必要費用はかかるとしても……。

とはいえ、やっぱり**この歳でローンを抱えるのはちょっと不安**です。そもそも60歳で融資ってしてもらえるんでしょうか。

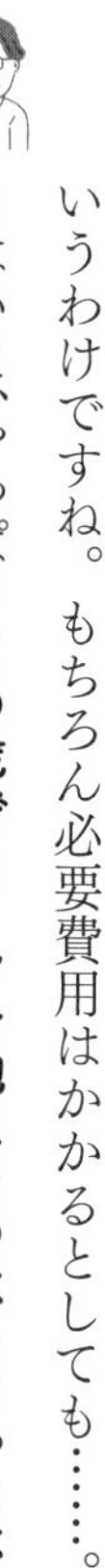

物件価格にもよりますが、ローンは組めます。投資物件のローンは住宅ローンではなく、「アパートローン」「プロパーローン」などのローンになりますが、60歳以上でも借りられます。ただ、60歳以上になると金利が若干高くなったり、借りられる年数が20年とか25年など短めになるケースもありますが。

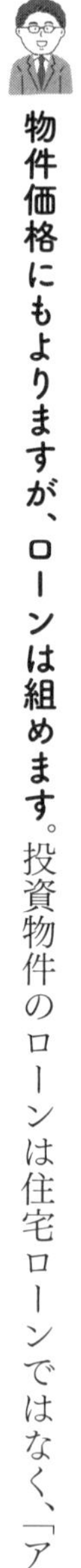

そういうのって金融機関に相談すればいいんですか？

そうですね、多くの場合、仲介する不動産屋さんがローンの情報を持っていて、金融機関と提携をしています。ですからまずはそこであたりがつくと思います。

どのぐらい借りられるものですか？

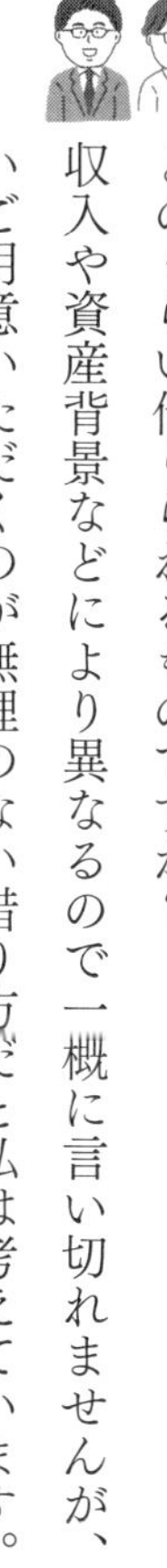

収入や資産背景などにより異なるので一概に言い切れませんが、頭金として20〜30%くらいご用意いただくのが無理のない借り方だと私は考えています。

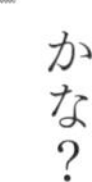

そうなると頭金は多いほうがいいですかね。それとも一括で買ってしまったほうがいいのかな？

目指すところは、100%自分の物件になることです。返済の負担なく賃料収入を受け取れるようになる状態が理想です。その点で、**払えるのであれば一括で払うほうがよい**とは思います。

またローンがないほうが、万が一、手放したいというときにも売却しやすいです。ローンで抵当権がついていると、残債との兼ね合いなども考えないといけないので。

とはいえ、手元資金が少なくなるのが不安ということならば、無理して一括で買う必要もありません。**身の丈に合った物件を選び、無理のない借り方、無理のない返済をしていけば、ローンを組んでもまったく問題ない**と思います。

私、不動産投資なんて、億のお金がいるものだとばっかり思ってました。

もちろん1棟のアパートやマンションとか、テナントで何十万円も入ってくるような物件もありますが、それはリスクも大きくなります。やはりここは**安全圏を意識して、堅実なワンルームがいい**と思います。中古ワンルームマンションは不動産投資の中では小さな額でも始められるので、会社員の方でもワンルームマンション投資をしている人はたくさんいます。

持ち家を担保にする買い方も

それと鴨下さまのようにご自宅の住宅ローンを完済されている場合は、ご自宅を担保とすることもできます。あるいは、もしお亡くなりになった場合、**返済をお子様に引き継ぐことを前提とすることで、より有利な融資を受けられる可能性が高くなります。**

自宅を売却してそのまま住める、リバースなんとかという方法もありますよね。それで資金を作るのもアリですか？

リバースモーゲージですね。あとリースバックという方法もあります。

今住んでるご自宅を、将来ご子息は引き継ぐつもりがないということであれば、ご自宅を売却することで現金化して、それをうまく使って第二の人生の楽しみに使ったり、一部を投資運用に回すというようなことも考えられます。

住宅ローンを完済しておいてよかった〜〜。

はい、せっかく住宅ローンを完済されているので、今お持ちの資産を上手に使いながら、一方で資産が資産を生んでいくように工夫されるといいと思います。

用語

▼▼リバースモーゲージ

自宅を担保にお金を借り入れ、死亡後、または契約期間終了後に自宅を売却して一括で返済する方法

▼▼リースバック

自宅を売却して、売却代金を受け取り、その後も引き続きそのまま住み続ける方法

＊どちらも地域・条件によっては対応不可の場合があります

家賃収入はどのぐらいを目指す？ 何部屋持てばいい？

ところでワンルームマンションって、だいたいどのぐらいの家賃収入があるものでしょうか？ もちろん場所にもよると思うのですが、東京か横浜で買うとして。

これは一概には言えないのですがひとつの例として、税金や諸経費を引いた後の手残りはだいたい月5〜6万円にはなると思います。

毎月ちゃんと入ってくるというのが大きいですよね。

そうですね、鴨下さまのように「**年金プラス5万円**」**を希望されるのであれば、ワンルームマンション一戸で十分**だと思います。

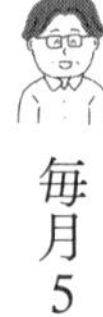

毎月5万円分働くのと同じということですね。2つあれば10万円か。10万円入ってきたらラクだなぁ。

最初に一部屋（ひとへや）買って、毎月きちんと家賃収入が入り、大家業に慣れてきたら、二部屋（ふたへや）めを検討するのもいいと思います。一部屋だけの場合、空室になってしまうと、家賃収入は0円となりますが、**複数持つことでそのリスクを分散させることができます。**

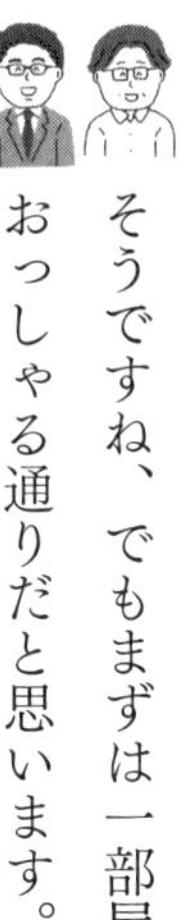

そうですね、でもまずは一部屋、しっかり見定めていい物件を探すことが大事ですね。

おっしゃる通りだと思います。

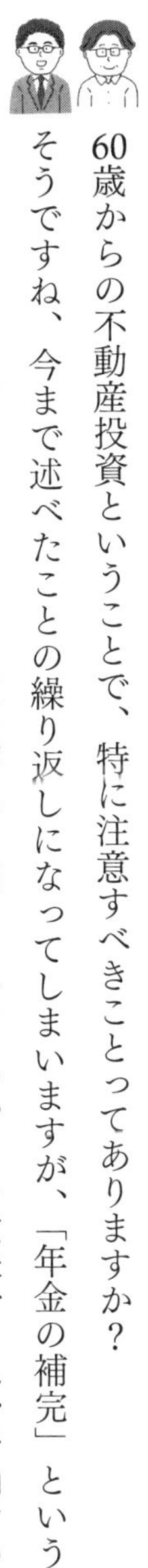

60歳からの物件選び、失敗しないためには？

60歳からの不動産投資ということで、特に注意すべきことってありますか？

そうですね、今まで述べたことの繰り返しになってしまいますが、「年金の補完」という目的があるならば、まずは**手堅い投資が大前提**だと思います。その意味でも**単身者向けの部屋、ワンルームがやはりお勧め**ですね。

ワンルームはわかりますが、なんで単身者向けなんですか？

単身者であれば、早期に決めてもらいやすいからです。たとえばご家族４人が部屋探しするのと、単身者が部屋探しするのとでどっちが早く決まりやすいかを考えたときに、単身者だと自分がいいと思えばそれで決まるんですね。

でもご家族だとたとえば旦那さんがいいと思っても奥さんやお子さんが賛同しなければ、ほぼそこには決まりません。逆もあります。奥さんはＯＫでも旦那さんが嫌がるパターン、子どもが嫌がるパターンもあります。ファミリーだと人数分みんなが同意しないと決まりづらいんです。

あー、それはそうですね。

それと**現在の日本においては単身世帯が増加している**ことも理由のひとつです。

チェック

名義は夫婦共有？ 単独？

ちょっとデリケートな話になってしまうのですが、不動産購入にあたって、名義はできるだけ夫婦共有にせず、どちらかの単独名義がいいと思います。

想定したくはないことではありますが、「万が一のこと」が起きたときに備えてです。

もし熟年離婚というようなことになり、売却して財産を分割することになった場合、共有名義だと面倒なことになる可能性があるのです。

もちろん夫婦で築いた財産で買った場合、名義はどちらであっても、共有の財産となります。しかし、共有名義だと、売却するのに2人でハンコをつかないといけないわけです。

そこで「顔を合わせるのがイヤだから」などの理由で、なかなか話が進まないということもあるのです。それを考えると単独のほうがベターだと思います。

物件はどうやって探す？

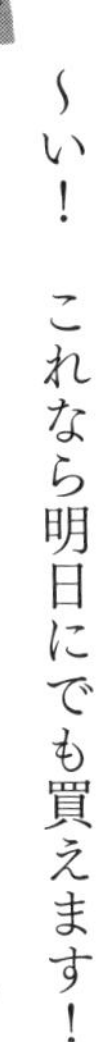

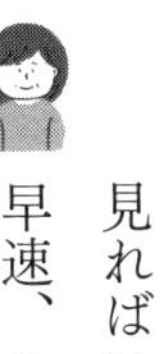

実際に物件を探す場合、どうすればいいんでしょうか。やっぱり最初はネットや情報誌を見ればいいのかな。

早速、スマホで見てみますね。あ、このマンション、地方だけど100万円だって！　安〜い！　これなら明日にでも買えます！

ちょ、ちょっと待ってください（汗）。**物件選びはとても大切なので、価格が安いとか、利回りが高いとか、短期目線で選ばないことが大事**です。

100万円に思わず目がくらみました……。

賃貸物件というのは入居者さんあって成り立つものです。**入居者さんがそこに住んで、生活しやすいと思ってもらえる場所を選ぶことが肝心**です。

なるほど、入居者さん目線、大事ですね。

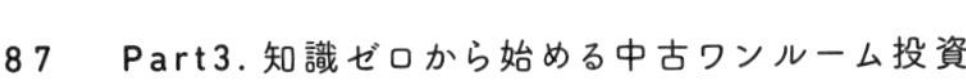

はい、入居者さんに喜んでもらって、こちらは年金を補完する家賃収入を安定的に得られる、つまり**双方にメリットがあるというのが不動産投資の醍醐味**だと思います。なので、まずは入居者さんの気持ちになって選ぶことが大事です。

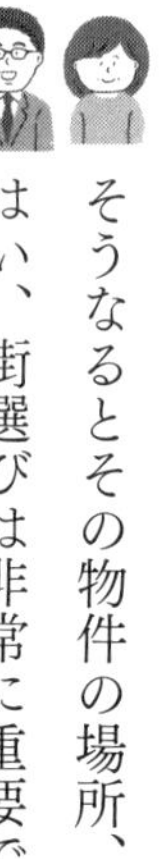

物件選びのポイント1

東京圏がお勧め！

そうなるとその物件の場所、街選びがまずは大事ですよね。

はい、街選びは非常に重要です。まず**私がお勧めするのは東京圏**です。東京圏というのは東京を中心とした神奈川、埼玉、千葉を指します。というのも、今、日本で人口の流入が続いているエリアは、東京を中心とした神奈川、埼玉、千葉だからです。

なるほど**「流入がある」ということは「住まいの需要がある」**ということですね！

その通りです。**それも若い人の流入が多いのが東京圏の特徴**です。20代などの**若い年齢層の単身者が増えている地域がやっぱり賃貸需要は高い**です。ですから少なくとも最初の一部屋は、東京圏、それも人気のある街を選ぶのがいいです。東京なら23区、神奈川なら川崎市や横浜市のような人口の多いエリアです。

そしたら横浜駅周辺でもいいですかね？　私はずっと横浜住まいで仕事もほぼ神奈川県内だったので、横浜のことはよくわかるけど、逆にそれ以外はよくわからなくて。

もちろん、近場で探せるのならそれが一番です。やっぱり**ご自分の地の利のある場所「あそこならよくわかる」という場所は物件を探しやすい**です。

物件選びのポイント 2
現地に行って物件や街を見る

そしてこれも重要なことなのですが、**目当ての物件を見つけたら、実際にその物件を見に行っていただきたい**のです。賃貸物件は入居してくれる方がいてくれないと成り立たないと言いましたが、**物件を見て「ここいいな、ここに住みたいな」と思ってもらえるかどうか**が、まず重要です。次にその**物件のある街が住みやすいか、安心して生活できそうか**ということも見てください。

実際に行ってみないとわからないことって、きっとたくさんありますよね。

そうなんです。それほど大きな街ではないのに、行ってみたら意外と人が多くて、歩いてみたら住み心地がよさそうで、なるほど人が集まる理由があるんだとか、そういうことって現地に行ってみて初めてわかるんです。そういうことは紙や、ネットの物件情報を見ているだけではわからないことです。

逆に見ないで買うなんて恐ろしいですよね。

それが不動産投資っていうのは数字の机上の計算で収支がわかるところがあるので、見ないで買っちゃう方も結構いるんです。特にワンルームは。

あ、でも中古マンションを購入する場合、入居者がいたら中まで見られないですよね？「今度この部屋を買うことになったから見せてくれ」とか言えるんですか？

そ、それはダメです（汗）。入居者がいらっしゃる状態で売買が行われるのを「**オーナーチェンジ**」というのですが、その場合、**見ることができるのは外観、エントランス、ポスト回り**などに限られます。それでも**実際に見に行くことで街の雰囲気も含め、ネットや写真では伝わらないことが皮膚感覚で感じられる**はずです。

散歩がてら街探検に行ってみるのも楽しそうですね。久々にママとデートのつもりで行ってみるか〜！

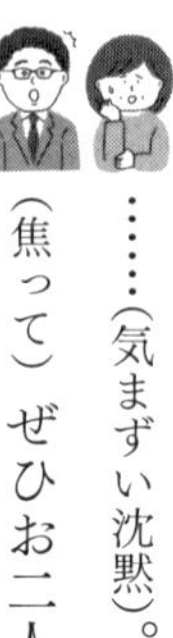

……（気まずい沈黙）。

（焦って）ぜひお二人で！　この先、時間に余裕ができるのなら、それも楽しいと思うんですよ。

物件選びのポイント 3
実際に「住むこと」をイメージしてみる

それと大事なのは交通の便ですね。東京圏なら公共交通機関での移動がメインとなると思うので、**電車やバスの利便性がいいかどうか、大きな駅に出やすいかどうか**といったこともチェックしてみてください。

やっぱり駅近はマストですかね？

はい、それは外して欲しくないところです。**最寄り駅から徒歩10分、欲を言えば7分以内が理想**です。

今、住んでいる人をイメージするという話がありましたが、**自分が住んだらどうかという視点で考えることも大事**かもしれないですね。交通の便も自分だったらこれはちょっと駅まで距離があるなとか、途中にスーパーがあるから便利でいいとか。

そうです、そうやって選べば楽しいと思います。

それだったら私が一人になったときに、投資用のワンルームマンションに移ってもいいか

もね。あの家はひとりではちょっと広過ぎて寂しいかも。なんで俺が先に逝く前提なのよ……。でも多分そうなる（笑）。

そのような方も実際にいらっしゃいます（汗）。配偶者が亡くなった後、自宅を処分してワンルームに移るというのも、体の負担などを考えると選択肢としてはありかもしれないですね。

チェック

✔ 地方の人はどこに物件を買ったらいい？

東京圏で買うのがリスクが少ないと述べましたが、地方在住の人はどうすればいいでしょうか。これは少々難しいのですが、地の利がなかったとしても、賃貸需要という点で言えば、やはり人が集まる都心部が長い目で見たら強いというのが私の意見です。

もちろん、人口の少ないエリアであっても、そこに土地勘があって「この場所であれば大丈夫」と確信できる理由があればいいのですが、そうでなければお住まいの地域に縛られず、日本全体を見たほうがよいのではないでしょうか？

東京圏で人気のある街、たとえば「住みたい街ランキング」や「住んで良かった街ランキング」なども参考にしてみてはいかがでしょう。

その場合も実際に見に行くことは大切です。シニアの方で自由になる時間が増えるのであれば、旅行や遊びも兼ねて上京し、見に行ってみるというのも、よいかもしれません。

物件選び7つのポイント

①2階以上がベター

特に女性の入居者の場合は1階は防犯上の不安を感じるという方が多いものです。2階以上のほうが選ばれる確率が高まります。ただ、年配の方、車椅子などの配慮が必要な方の場合、移動の少ない1階が選ばれるケースもあります。

②洗濯機置き場が室内にあること

築年数が古い物件の場合、洗濯機置き場が室内になく、ベランダにある部屋も存在します。ただ、入居者の立場で考えると、洗濯機が外にあるのは不便なものです。女性の場合は人目を気にする方もいらっしゃるでしょう。洗濯機置き場が室内にあることは必須に近いと思います。

③バス・トイレ別は必須ではない

築浅のマンションでは基本的にバス・トイレは別となっていますが、昭和や平成一桁年に作られた築古物件ではバスとトイレが一体のタイプも多くあります。もちろんバス・トイレは別のほうがベターですが、必ずしも「マスト」ではありません。他の条件が良ければバス・トイレは一緒でも選ばれる確率は高くなります。

④20平方メートル以上の広さがある

ワンルームマンションはかなり狭いものもあるのですが、できれば広さは20㎡は欲しいと思います。ネットで部屋探しをするときに20㎡以下の部屋ははじかれてしまう可能性があるからです。ただ狭い部屋であっても、賃料と立地のバランスが良ければ入居してもらえる可能性は十分あります。

⑤適正な管理費・修繕積立金

管理費・修繕積立金は高過ぎても低過ぎてもNGです。高過ぎると77ページで説明した表面利回りと実質利回りの差が大きくなってしまい、手残りが少なくなる可能性があります。また修繕積立金が少な過ぎると、将来の大規模修繕工事のときにお金が足りないという事態も考えられます。管理費・修繕積立金は毎月の家賃の20～30％程度がバランスが良いのではないかと私は考えます。

⑥40～50部屋以上、120～130部屋のマンションがベター

マンションは総戸数が多いほうが一部屋(ひとへや)あたりの管理費・修繕積立金の負担が抑えられるため、大規模のほうがお勧めです。しかしあまり戸数が多いと合意を形成しづらいというデメリットがあります。そのため50部屋以上、120～130部屋の規模がベターです。20部屋以下の小規模マンションは避けたほうがいいでしょう。とはいえ、立地や築年数次第では、30部屋以上も選択肢としては「あり」です。

⑦最寄り駅から徒歩10分以内

これは大切なポイントです。駅近であることは入居者にとって大きなポイントです。あまり駅や大きな商店街に近いと、音などが気になって落ち着かないという人もいるので、近すぎても敬遠されるケースもあります。ただ、駅から遠くてもバスのアクセスがいい場合は選択肢に入れてもいいかもしれません。

NG物件ってどんなもの？ NG物件をつかまないためにどうすればいい？

いい物件の探し方について教わってきましたが、逆にこんな物件はつかんではいけないというNG物件の見抜き方ってありますか？

いくつかあります。年金の補完を目的として考えた場合、**空室が長引きそうな場所や維持管理費のコストが多くかかる物件は避けたい**です。

具体的にはどんな物件になりますか？

まず**リゾートマンションは難しい**です。リゾートマンションは設備が豪華なことが多いのですが、それに伴って管理費、修繕積立金も高くなる傾向にあるのです。

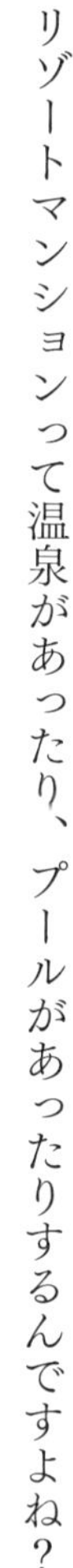
リゾートマンションって温泉があったり、プールがあったりするんですよね？

そういう施設がある物件が多いです。そうするとやっぱり維持にお金がかかってしまうんです。それでいて、リゾートマンションを借りたいという需要はそれほど多いわけではないんです。

買ったはいいけど空室続きではこまりますね。

もちろん、人気があって借り手も多いリゾートマンションもありますが、一般論で考えると投資用としては手を出さないほうが賢明だと思います。

(スマホで物件を見ながら) あらら、このリゾートマンション、60万円と格安なのに、管理費と積立金合わせて5万円ですって。

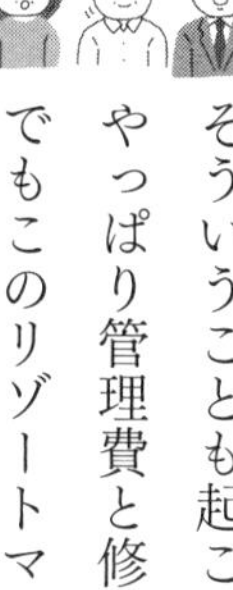
そういうことも起こるわけです。

やっぱり管理費と修繕積立金はしっかり見るべきですね。

でもこのリゾートマンション、築年数も浅いし、見た目はすごくきれいでおしゃれで60万円なんて信じられない。

そうなんですけど、賃料を得るという観点で考えたとき、たとえば5万円以上の収入を得ることができるかというと難しいと思うんですね。そうしたら持ってるだけでお金が出て

いくみたいな感じになってしまうんです。

それはたまりませんね。

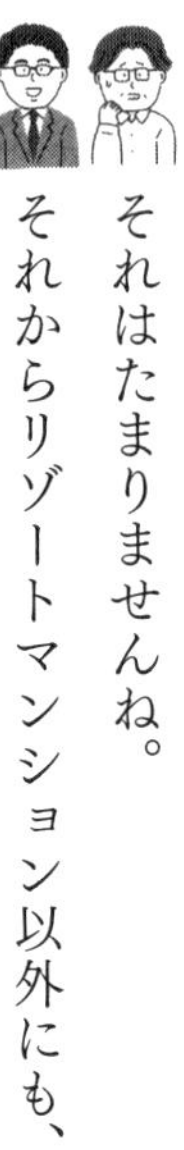

それからリゾートマンション以外にも、地方の閑散とした場所にあるなど、賃貸需要のないエリアの物件も難しいです。

あ、私がさっき見た100万円の物件がそういうやつかもしれないです……。市街地から離れたところにあるみたいで……。

よく見ないとわかりませんが、その可能性もありますね。**持っているだけで損になるから、もういくらでもいいから売りたいという物件も多い**ものです。そういうものを絶対につかまないように注意してください。

安いものには理由があるということですね……。

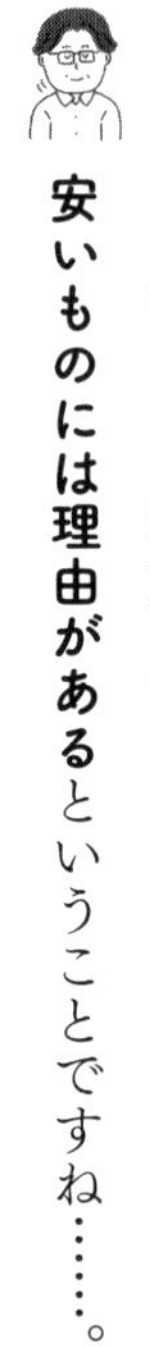

「高利回り物件」に気を付ける

「安いものには理由がある」という話の流れになりますが、「高利回り物件」も避けたほうがいいと思います。

え、利回りって高ければ高いほどいいのでは？

確かにそうなんですけど、**高い利回りにも理由がある**と考えたほうがいいんです。

たとえばそれこそ賃貸需要のない場所にある物件だったり、修繕費その他の費用が高額だったり、あるいは物件そのものになんらかの欠陥があったり、いろんなことが考えられます。

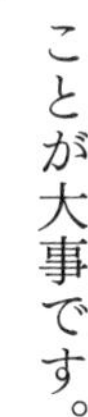

そんなのイヤ過ぎます……。

たとえ**その部屋が現在埋まっていたとしても、その入居者さんが退去してしまった場合、次の方がすぐに見つかるのか、同じ賃料で借りてくれるのか。**そういうことを考えてみることが大事です。

それはどうやったらわかりますか？

やっぱり**それも現地に足を運んでみることが大切**なんです。「事件は会議室で起きているのではない、現場で起きている」というドラマもありましたよね。

ちなみに高利回りとはどのぐらいのことを言いますか？

物件にもよりますが中古ワンルームマンションの場合、10％以上が高利回りだと私は考えています。まわりの相場を見て、突出して高い物件は要注意です。

チェック

「適正な利回り」とは？

高利回り物件は要注意と述べましたが、利回りが低過ぎても収益が出ません。空室リスクを抑えられ、しかもしっかり収益の得られる利回りとしては、手取りで4〜4・5％程度が妥当だと思います。

利回り4〜4・5％というのは、たとえば1500万円の物件で、賃料7万円、管理費・管理費積立金が1万5000円であれば、手取りは月に5万5000円、年間66万円というイメージです。

固定資産税を加味しても、おおよそ年間60万円、月の手取りで5万円。年金の補完としては十分な額ではないでしょうか。

築年数の古いマンションはNGか？

築年数はどうですか？　古いものは避けたほうがいいですよね？

もちろん築浅のほうがいいにはいいですが、不動産を購入するときには、総合的に判断することが大事です。100点満点の物件は存在しません。どうしてもはずせないこと、譲ってもいいことの優先順位をつけていく必要があります。

すると**築年数、それから設備にはそこまでこだわらなくてもいい**というのが私の考えです。築年数が古くても、きちんと手入れ・管理のされた物件を選べば問題ありません。

なるほど！　では逆に譲れないポイントというのは何ですか？

先ほども述べたことなのですが、まずは**立地**です。通学や通勤の利便性が良い場所にあること、それから家賃ですね、**賃貸で重視されるのはこの2つ**です。それに比べると築年数や設備は優先順位としては高くないと私は思います。

あ、長男の借りているマンションは古いけど、管理が行き届いていて、エントランスもいつもきれいです。

エントランスは建物の顔ですから、**エントランスがきれいだということは、その建物の管理状態は良好と考えていい**です。ご長男さまはいいところを選ばれましたね。

ほかに新築の物件もあったのですが、駅近が決め手となってそこにしたみたいです。

まさにそこなんです。たとえば**同じ5万円の家賃として、駅から徒歩20分で築浅の部屋と、駅から5分で築30年の部屋。どっちが選ばれる可能性が高い**でしょうか？

それはやっぱり便のいい部屋のほうが選んでもらえる確率が高いですよね。

家賃も同様で、通勤・通学に1時間以上かかる場所で家賃3万5000円の部屋と、20〜30分で6万5000円の部屋はどちらが借り手が見つかりやすいか……というような視点で考えると、選んではいけないNG物件、立地も見えてくるのではないかと思います。

ここでも**入居者目線が大事**ということですね。

その他のNG物件は「チェック　こんな物件は選んではいけない！」にまとめましたのでご覧ください。

用語

▼▼ **管理費**

建物全体の共有部分を適切かつ計画的に維持管理するサポートをしてもらうために管理会社に支払う費用です。

▼修繕積立金

区分マンションを持っている方が出し合って、共有部分の将来の大規模なメンテナンスなど工事、修繕に備えて積み立てるお金です。

チェック
☑こんな物件は選んではいけない！

私が懇意にしている賃貸管理会社の担当者に聞いた「選んではいけない投資用物件」をまとめてみました！

- **駅から徒歩15分以上の物件**
- **共用部分の清掃状況がひどい（エントランスにゴミが散乱している）**
- **管理組合が機能していない（自主管理の物件に多い）**
- **専有面積が15㎡以下の部屋（できれば18㎡以上）**
- **室内洗濯機置場がない部屋（洗濯機置場が外・バルコニーにあるのはNG）**

- **1階で半地下になっている部屋（日中でも陽当たりがまったくない）**
- **築年数が古い物件で、共用部分の修繕がまったくされていない**
- **仲介不動産会社（の店舗）が最寄り駅にない**（遠く離れている）

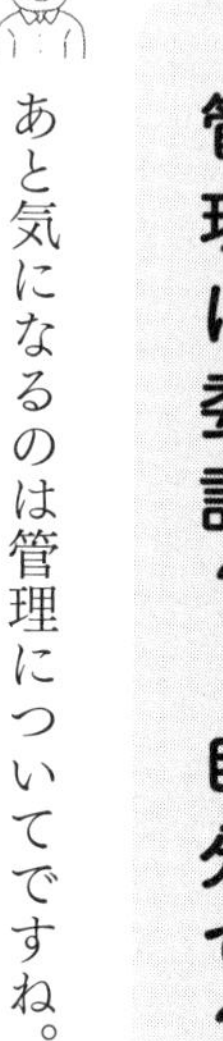

管理は委託？ 自分で？

あと気になるのは管理についてですね。

はい、マンションの管理は主なものになりますが、表1のような業務があります。

もし家賃の延滞があったりしたら、催促するのは……僕？

あなたは気弱だから丸め込まれてきそう……。ここは私がビシッと……！

いや、ちょっと待ってください（笑）。もちろん管理はご自分でなされてもいいのですが、**賃貸管理会社に管理を一括して委託することができます。**もちろん家賃の滞納などのトラブルにも対応してくれます。**管理料は発生しますが、不動産投資の初心者さんはそのほうが安心**かと思います。

表１－不動産管理の主な仕事

入居者の募集
賃貸契約の締結
家賃の入金・管理
家賃の入金のない場合の督促
設備の破損や騒音といったトラブルやクレームへの対応
退去時の立ち会い
退去後の原状復帰・清掃管理

あ〜〜よかった、齋藤さんも賃貸管理会社を利用されているのですか？

はい、所有する物件すべてを管理会社に委託しています。私の場合はＦＰという本業があって、大家業のほうは副業ですから、管理は「委託一択」で考えています。

僕らも委託するのが安心ですね。

やっぱり管理業者はその道のプロですからね。管理業務を一括してすべてやってくれるから本当に面倒なことは何もないです。

私の委託している管理会社は入居率98％以上をキープしていて、とても優秀なんですね。私が16年間、空室がほとんどないのも、この管理会社に委託していることも大きいんです。

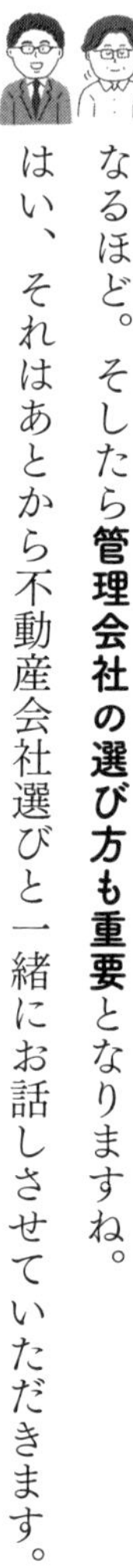
なるほど。そしたら**管理会社の選び方も重要**となりますね。
はい、それはあとから不動産会社選びと一緒にお話しさせていただきます。

チェック

✔ 管理を自分で行うのも「あり」です！

本業をお持ちの方が大家業をする場合は管理会社に委託するのがベターですが、時間が比較的自由になるシニア世代の場合はご自分で行う自主管理も「あり」だと思います。

契約や設備管理など新しいことにチャレンジしたり、いろんな入居者さんとコミュニケーションを取ることも定年後の楽しみのひとつになるかもしれません。

リターンとして賃料が受け取れて、自分の収入の足しにもなり、生きがいにもつながる。不動産投資はそういうふうにも活かしていけるのではないかと思います。

気になる空き部屋対策

今、齋藤さんご自身もワンルームマンション投資をされていて「空室がほとんどない」というお話でしたが、**大家業で一番リスクとなるのが空き部屋**ですよね。
逆に言えば、ワンルームで堅実な物件を選び、空き部屋にさえならないようにすれば、自分達のような素人でもやれる気がしてきました。
そうすると空き部屋にしないための空き部屋対策はありますか？　先ほどはまず立地が大事というお話でしたが、それ以外のところで。

先ほど物件選びのポイントについてのお話をしましたが、まずはそれがそっくり「空き部屋対策」になります。
まず単身者層をターゲットにするのがお勧めと話しましたが、**単身者をターゲットとすること自体が、空き部屋対策**になります。というのも、**空室が長引く可能性が高いのはファミリータイプ**と言われているからです。

イメージですけど、ファミリー層のほうが長く住んでもらえるのでは？

それはその通りです。ファミリー層は1回決まると結構長く住んでいただける傾向があります。でも**空いた後は次が決まるまでに時間がかかることが多い**んです。

それはその通りかも……。

それからもちろん**適正な家賃**、**建物のメンテナンス**といったことは、基本的なことではありますが重要事項となってきます。

それと空室になったら募集をかけますが、**いかに早く、効果的な募集をかけられるか**ということもポイントとなります。

そうか、当たり前だけど、募集をかけないと次の人は入って来ませんもんね。

それも大家の重要な仕事です。**入居者さんが退去されたら、いかにすみやかに原状復帰、室内清掃を行い、募集をかけられるか**です。

原状復帰や清掃は管理会社に委託していいんですよね？　それってどのぐらいの期間がかかりますか？

私が所有している物件の場合は、退去から室内清掃が終わり、次の方が入居できるまでに1週間から10日ほどです。もちろん設備の入れ換えや、大掛かりな工事が必要なときはもう少し時間がかかりますが。

ずいぶん早いんですね。それから募集をかけるんですか？
募集に関しては、退去がわかった時点で準備を始めたほうがいいです。退去の1カ月前には連絡するという賃貸借契約書を交わすことが多いので、**退去が決まったら、すみやかに準備をして募集を開始することで空室期間が短縮できます。**

そういうことを全部しっかり対策することが「空室がほとんどない」という秘訣なんですね。

はい、不動産投資を始めて16年、現在7部屋を所有していますが、これまでの経験では2カ月以上空いたことがありません。今入居されている方が退去する前から、次の方が申し込まれたなんてこともあります。

それはすごい！　説得力がありますね！

家賃が下がったら？

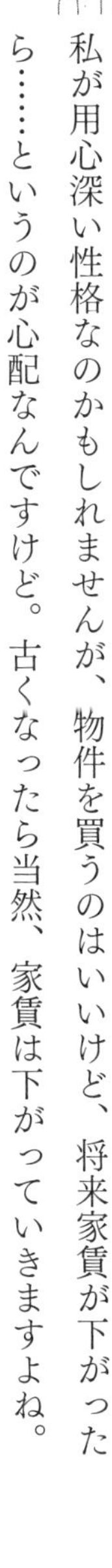

私が用心深い性格なのかもしれませんが、物件を買うのはいいけど、将来家賃が下がったら……というのが心配なんですけど。古くなったら当然、家賃は下がっていきますよね。

図8－築年数別の賃料表

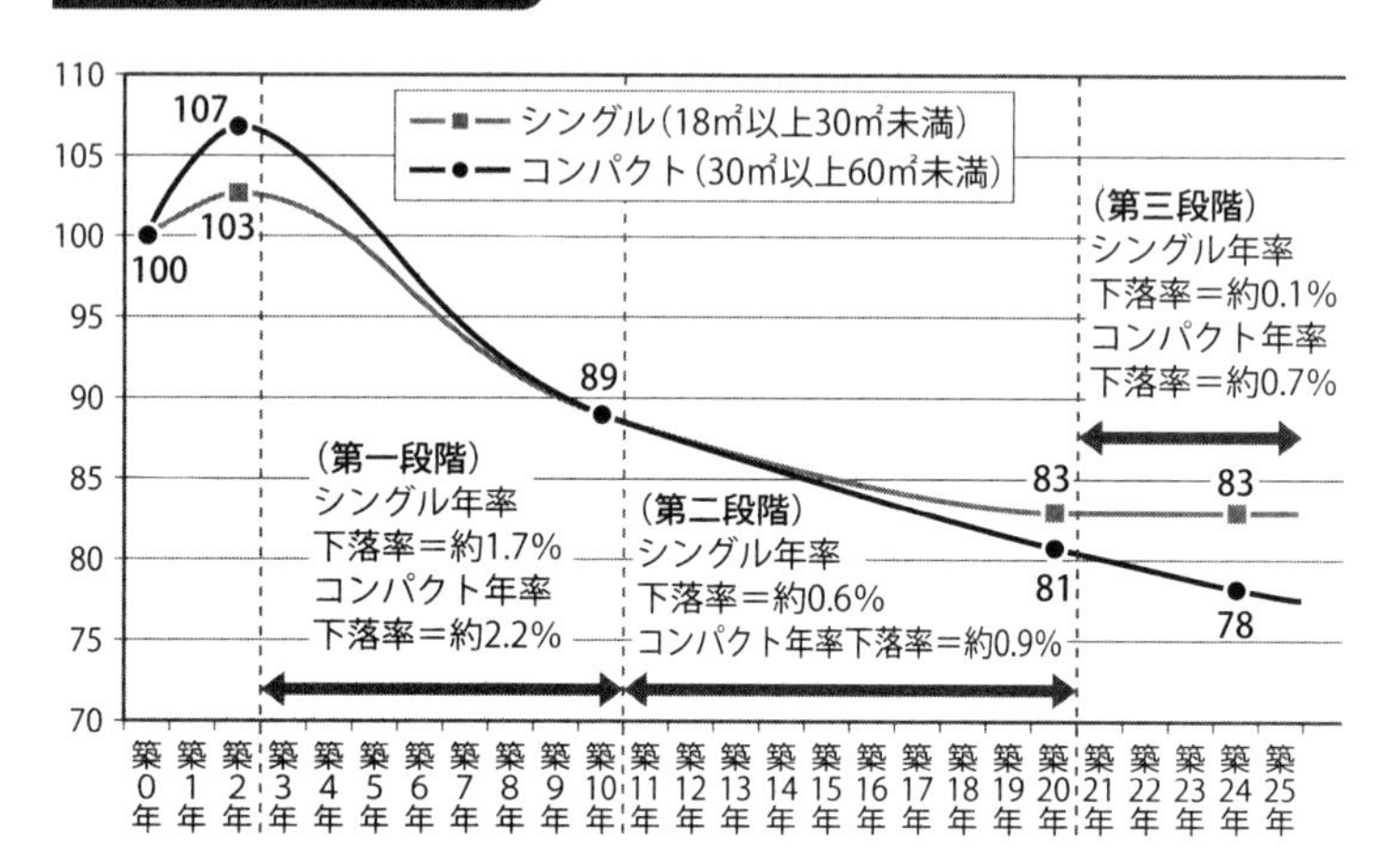

出典：アットホーム株式会社のデータを用いて三井住友トラスト基礎研究所算出
※2001〜11年の理論資料指数を築年数ごとに平均した数値

ご心配になるのも当然だし、そこを抑えておくことは非常に重要です。**一般的にワンルームマンションの家賃は年間1％ずつ下落していく**と言われています。

じゃあ30年経ったら家賃が3割減になっちゃうってことですか？

それがですね、図8を見ていただきましょう。これは東京23区の例ですが、新築マンションを賃貸に出したときの家賃の下落率を築年数ごとに見たものです。

これで見ると**新築から築10年までの間は下落率は高めですが、築10年から築20年になると下落率が落ち着いてきて、20年以降はほぼ横ばい**となっています。

おお〜、**下げ止まり**みたいな感じですね。

そうなんです。それもあって、**私は物件を選ぶとき築15年から30年のものを選ぶことが多いのです。リーズナブルな価格で買えて、家賃の下落が少ないという理由**からです。

そしたら私たちも齋藤さんにあやかって、築20年を狙いましょう（笑）。

はい、シニア世代から始めるリスクの低い投資法としてはお勧めだと思っています。

金利が上がったら？

もうひとつ、ローンを借りた際、金利が気になるんですけど。今は低金利が続いていますが、今後はどうなるかわかりませんよね。

そもそも私たちシニア世代が借りる場合、ちょっと金利が高くなるかもしれないというお話でしたが、さらに上がるのはちょっと不安ですね。

その心配もごもっともだと思います。それについてはこういう考え方ができます。

金利が上がるということは、インフレになり、ものの値段が上がるということです。ということは**家賃を上げることも可能**になるわけです。さらには**所有物件の価格も上がる**ということになります。

ほー、**実物を持っている強さ**ってことですね。

そうです。そしてもうひとつ、金利や物価が上がっても、「借入金」は変わらないわけです。つまり**マンションを保有し続けても借り入れの残高は変わらない一方で、受け取る家賃額は増える**わけです。

さらに**物件の価格が上がれば仮に売却した場合も、借り入れの残高を差し引いた手残りは増える**ことになります。

なるほど、それを聞くと不安が和らぎました。

金利の上昇というと返済の金額が増えるということだけに目が行きがちですが、ここが実物不動産を有していることのメリットのひとつだと思います。

気になる相続問題

先ほど、不動産投資は相続税対策にもなるというお話を聞きましたけど、私、ちょっと気になっていることがあって……。うちは息子2人なのですが、ワンルームマンション1戸の相続って難しくないかなと……。

そうですね、いくつか方法があると思います。まず投資用のワンルームマンションをおひとりに、ご自宅をおひとりにという方法があります。

一人をマンション、一人を自宅にすると、二人とも「俺はマンションがいい」とか言い出しそう……。自宅はたぶん処分することになりそうだし、家賃を生み出してくれるマンションのほうが扱いやすそう。

もちろん相続後、自宅、ワンルームマンションを売却して得たお金を2人で分けるという方法もあります。それからこんな方法もあります。2000万円のワンルームを1つ買うのではなく、2つ買うのです。

齋藤さん、お言葉ですが、お金が足りません（笑）。

あ、すみません、言葉が不足でした（笑）。あくまで提案のひとつなのですが、**ご子息に1000万円ずつご用意いただいて、ご夫婦からも1000万円ずつ出し、共有で買うの**です。2世代で引き継ぐ前提で運用するスタンスです。もしくはご子息はお若いのでローンを組むという方法も良いと思います。

ご子息も物件を一緒に選ぶことで、受け継いだときも納得していただきやすいと思います。そしてそれぞれに物件があれば相続時にもめる可能性も低いと思います。

それいいですね！　いずれ自分たちのものになるのだから、1000万円と言わずもっと協力してくれないかしら？

ママはちゃっかりしてるな（笑）。

このあたりは相続対策とも絡みますが、**次世代のことまで考えた物件選び**という点がやはり重要になってくると思います。

もめるのだけは避けたいよね。

それとこういう方法もあります。**70歳とか75歳などで売却して現金化してしまうのです。売却して手元に残った現金は老後資金に繰り込んでもいいし、自由に使うのもあり**だと思います。そうしたらもめることもないでしょうね。

チェック ✓

60歳からの相続対策で大切なこと

相続対策という点で言えば、何より大切なのが、相続人になるであろう方との人間関係を円満に保つことだと思います。誰かに偏った形で財産が渡り過ぎてしまうと、相続人間の人間関係が悪くなったりする可能性さえあります。

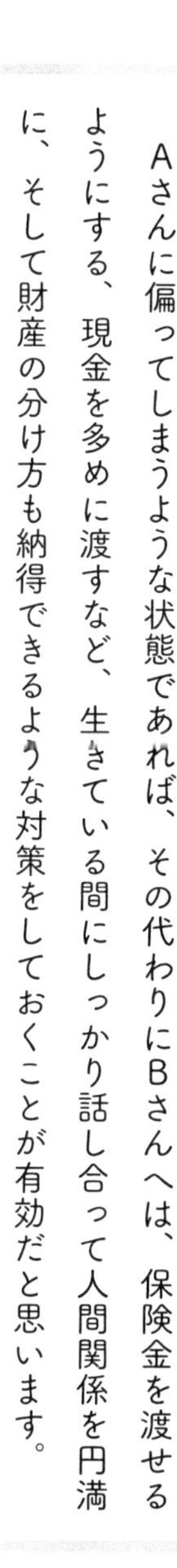
Aさんに偏ってしまうような状態であれば、その代わりにBさんへは、保険金を渡せるようにする、現金を多めに渡すなど、生きている間にしっかり話し合って人間関係を円満に、そして財産の分け方も納得できるような対策をしておくことが有効だと思います。

不動産会社・管理会社の選び方

不動産投資の話の最後は**不動産会社・管理会社の選び方**です。私の経験も含めてお話しさせていただきたいと思います。

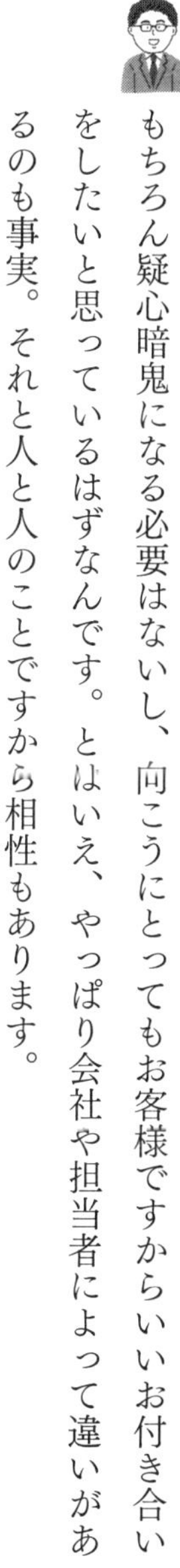

そうですね、今までの話を聞くと、不動産会社・管理会社はしっかり選びたいですね。

もちろん疑心暗鬼になる必要はないし、向こうにとってもお客様ですからいいお付き合いをしたいと思っているはずなんです。とはいえ、やっぱり会社や担当者によって違いがあるのも事実。それと人と人のことですから相性もあります。

よくテレビで宣伝している大手不動産会社なら間違いないですか？

いえいえ、「**大手だから安心**」**とは決して言いきれない**です。あくまで私の印象になりますが、むしろ**中小の会社のほうがあまり商業主義に走らず、親身になって対応してくれることが多い**です。

やっぱり人と人の付き合いってことですね。どんなに優秀な人であっても「この人と話しているとストレスを感じる」と思ってしまうような場合は無理をして付き合う必要はないと思います。物件を買うにしても、ストレスを抱えながら物件を選んでもいい取引ができるとは思えないので。

不動産会社にアプローチして、担当者が出てきますよね。そこで「この人、ちょっと違うかも……」と思ったら、どうすればいいですか？　まさか「あなたじゃなくて別の人を出して欲しい」とはさすがに言いづらいのですが……。

その場合は会社を変えていいと思います。焦る必要はまったくないので。**まずは不動産会社をいくつか回って、直接担当者と個別に話してみるのがいい**と思います。

何人かと話したら違いがわかってきそうですよね。

そうなんです。あともうひとつ、その会社の雰囲気を知るためのきっかけとしては、その**不動産会社が主宰するセミナーなどに足を運んでみること**です。そのときの会場の雰囲気や講師役の人の話などを聞くと、会社の雰囲気がだいたいわかってくるものです。「この会社なら安心できそうかな」とか「この会社は自分たちにはちょっと合わないかな」というのが見えてくると思います。

自分の足でいろいろ動いてみるってことですね。

はい、そうやって**相性のいい営業担当者と巡り会えたら、その人と仲良くして信頼関係を築いていくこと**です。人間関係ができていたら、たとえばですけど、いい物件が出たら一般に公開される前に紹介してくれるなんてことも考えられます。

一般に公開される前？　そんな物件ってあるんですか？

一般に出回る前に成約になってしまう物件って実はいっぱいあるんです。営業担当者だって人間ですから、仲良くなった人がいたら「これは一般公開する前にあの人に回そう」という気持ちも働きます。

なるほど〜〜。

今述べたこと以外で、「こんな不動産会社、管理会社は選んではいけない」というNG集は表にまとめたのでご覧ください。

不動産会社・管理会社の
担当者のＮＧを見分けるポイント！

・良いことばかりしか言わない	マイナスポイントはお茶を濁す感じで話す
・話の最後に「今すぐ決めて欲しい」など契約を急がせる	そういう会社の方針……？
・言葉遣いがなれなれしい	親しみを持って欲しいという気持ちの表れかもしれませんが……
・わからない、答えに詰まるようなことでもその場で答えようとする	わからないことがわかっていないため、調べて返事すると言えないのかも……

・担当者の第一印象、雰囲気が直感的に合わないと感じる	目は口ほどにものを言うと言いますが、担当者の第一印象や、初回に話す中で感じた印象に違和感があったなら、先に進まないほうがよいでしょう
・他社や他の物件のマイナスポイントを聞いてもいないのに話し始める	人間性が疑われます……
・セミナーなどで受け答えに違和感があったり、案内などの対応が丁寧さに欠ける	こういうところにその会社の姿勢が表れるものです
・自分ばかりが話し、説明ばかりをして、こちらの話を聞こうとしてくれない。反対に、質問されるまで何も言わず、積極的にこちらの意向を引き出そうとしてくれない	目の前の顧客に対する想像力が働くか否かがわかります

★結局は人と人との付き合い。信頼ができるか、仲良く付き合えるかという基本的なことが大事！

チェック

✓ ワンルームマンション投資成功の秘訣は「小欲」と「待つこと」！

私自身が大切にしている言葉でもあるのですが、投資に関しては「小欲」と「待つこと」が大事と思っています。欲はもちろん必要なのですが「欲深」になってしまうと、待つことができなくなって飛びついて買ってしまうということが起こりがちです。そうするとやっぱり失敗するリスクも大きいのです。

ですから、いかに「小欲」でとどめて、待てるかがポイントです。最初の目的（年金の補完）を忘れないことも大事です。それを忘れて「もっと欲しい」「もっと儲かりたい」となってしまうとローンも増えるし、当初の目的からずれていってしまいかねません。

社会とのつながり・社会貢献

いろいろ話を聞いて、不動産投資の魅力が少しずつわかってきました。

私なんかもう、今すぐ買いたい気持ちです！

ママに任せるとマンションも衝動買いしそうで怖いよ……。**リスクも心得た上で、慎重に堅くやっていくことが大事**だと今のお話でわかったでしょう。

そうですね。**でも投資は時には思い切りも大事**です。お二人のコンビネーションは絶妙なので、ご夫婦でよく話し合えば必ずやいい物件が見つかると思います。

とはいえ、買うときは齋藤さんに相談したいし、なんなら不動産会社と交渉するときも齋藤さんに来て欲しいです。

もちろん相談に乗るし、同行もさせていただきます！

あと最後に申し上げたいのは、ちょっと大きな話になってしまうのですが、部屋を貸すことって、社会に貢献することにつながると私は思っているんです。

たとえば**やりたいことがあって上京して部屋を探しているという方に、活動の基盤となる住まいを提供して差し上げるというのは、その方の自己実現を支えることにもなる**わけです。それは**大げさかもしれないけれど社会貢献、地域貢献のひとつ**だと思うのです。

誰かの役に立って、そして自分の安定収入にもなり、相続対策にもなりうるんです。

自分が住んでいた部屋って人生の大事なワンシーンですもんね。私はいろんなことをすぐ

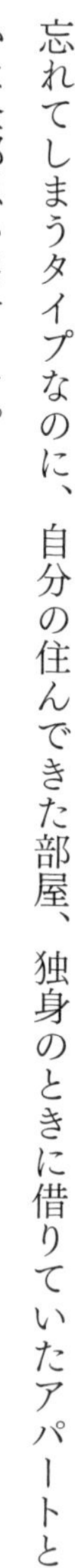

忘れてしまうタイプなのに、自分の住んできた部屋、独身のときに借りていたアパートとかは全部思い出せます。

そうなんです。**住んだ場所って一生忘れません**よね。私も入居者さんが退去するときって、一応、理由をお聞きするんですね。そのときに「実は結婚してマイホームを買うことになりました」とか、学生さんが「地元で就職が決まって帰ることになりました」など、その人が新しいステップに踏み出していくのを聞くと、こちらもなんだか晴れがましい気持ちになるものです。

部屋をお貸ししたことでその人の人生に役立ったなら、それはやっぱりうれしいものです。**結婚で退去される方にはお祝いを渡した**こともあります。

それはステキな話ですね！

不動産投資にはそういう、生きた交流ができるという側面があるから、私も長年やりがいを持って続けることができているんだと思います。これは株式投資にはない楽しさですね。

なんかこれからはどこかに行っても、「いい物件ないかな」という目で見てしまいそうです（笑）。

あ、私もそうですよ。キョロキョロ見ちゃいますね（笑）。

Part

4

資産形成のモデルプランを立てよう！

資金のどのぐらいを投資に振り向ける？

ここまでＮＩＳＡによる株式投資、不動産投資についてお話を聞いてきて、どちらもとても腹落ちしたというか、納得ができました。

お話、とてもわかりやすかったです！　ＮＩＳＡなんて面倒くさそう、絶対に理解できないと決めつけていたのですが（笑）、私にも理解できました！

株式投資も不動産投資も最初は「自分たちにはとてもムリ」と思ったけど、今ではすっかりやる気になっています（笑）。

それはよかったです！　私もうれしいです。

両方ともそれぞれの魅力がありますよね。それを踏まえた上で、どのぐらいの額を投資すればいいか、ＮＩＳＡと不動産投資、配分はどのぐらいにすればいいか、それをご相談したいです。

はい、お二人にいくつかのプランをご提示していきたいと思います。

まずは先ほどの試算を今一度ご覧ください。単純計算で60歳から90歳までの30年間で

２４００万円の不足、１００歳までの40年間で３３６０万円の不足という計算でした（実際に不足するのは65歳から25年間の90歳、35年間の１００歳）。

現在、退職金も含めてお手持ちのお金が３０００万円。これをたとえば半分の１５００万円は現金で持っておいて、残り１５００万円を投資に回す、あるいは**向こう10年間の不足分は確保しておいて、残ったお金を運用に回す**という考え方を紹介させていただきました（Part1）。

向こう10年分の不足というと４８０万円か。余裕を見て５００万円として、予備費として５００万円とっておくとすると合計１０００万円。そうすると２０００万円を投資に回してもよいというわけですね。

はい、もちろん「それでは多い、投資額はもっと少なくしたい」と思われるなら減らしてもいいし、無理のない範囲でお決めいただければいいと思います。鴨下さまには３０００万円という資金があるので選択の幅が十分あります。

鴨下家の老後資金

貯蓄2000万円
退職金1000万円
老後の毎月の生活費30万円
年金22万円
↓不足分8万円（年間では96万円）
↓30年間では2880万円が不足（手持ち資金からの持ち出し）
↓40年間では3840万円が不足（手持ち資金からの持ち出し）

＊資産運用の目的
収入＋金融資産の取り崩し＋運用益 ＞ 支出

NISAと不動産投資、配分は？

NISAと不動産投資への配分はどうすればいいでしょうか？　どちらかでもいいかもしれないけど、やっぱりリスクを減らす意味でも両方やっておいたほうがよさそう。

わかりました。まず基本的なところからいきますね。

まず**不動産のデメリットは換金性が悪いこと**。ワンルームマンションは不動産の中では比較的換金性がいいのですが、それでもNISA（株式投資）や預貯金のような金融資産には劣ります。逆にメリットは、**不動産は株式のように日々相場が変動するわけではないので、値動きを気にせず、毎月定期的な収入をもたらしてくれる**ことです。

NISA（株式）はこのメリット・デメリットが真逆で、なにかあればすぐに換金して預貯金に戻せるというメリットがある反面、相場の値動きがあります。それが気になって気持ちが落ち着かないという人はあまり多くの資金を投じないほうがいいでしょう。

どちらが自分たちにとって快適かということですね。

そうです。相性の問題です。

ひとつの案として……

◎ **NISA（株式投資）は「価格がわかりやすく換金しやすい金融資産」です。換金しやすい資産を手元に置いておくほうが安心感があるのであれば、金融資産の割合を増やす**

◎ **不動産は「解約しにくい定期預金」です。そこから生まれてくる収入にメリットを感じるのであれば、割合を増やす**

このような考え方で配分されてはいかがでしょうか。

私はNISA志向、光男さんは不動産志向と意見が割れそう（笑）。

もちろん納得いくまでご夫婦で話し合ってください。逆に合意が得られない状態では始めないほうがいいです。

そして**投資は始めても一生続ける必要はもちろんなくて、途中で年金の補填の目安がついたなら運用を止める**という選択肢もあります。

もちろんそのまま運用を続けてもよくて、そこで出た**余剰分は楽しみのために使うということもできますし、ご子息やお孫さんなどへ遺したいということであれば、後に述べる生命保険なども使いながら、資産を引き継ぐ準備をするという選択肢**もあります。

資金繰りがうまくいきそうなら年金も繰り下げてもいいかもですね。**年金は70歳まで繰り下げると42％増えます。要は「収入＋金融資産の取り崩し＋運用益 ＞ 支出」さえ達成できれば、後は自由に使える**というわけです。

自由になるお金が増える！　楽しみです！

資金プランを立ててみよう

基本的な部分を押さえたところで、お二人の資金プランを立てていきましょう。あくまでプランの提示なので調整はいくらでも利きます。

前提として、2000万円のワンルームマンションを現金で購入するとします。手持ち資金は退職金の1000万円からのスタートです。

60～65歳までの資金プラン

手持ち資金1000万円。生活費は光男さんの年収360万円でまかなう（プラスマイナスゼロ)。

家賃収入(手取り額)は利回り4%とすれば、年間で80万円となります。この家賃収入は生活費に使ってしまわずに、NISAつみたて枠に充てます。

つみたて投資枠の年間120万円を活用するとして、家賃収入の80万円を元に、手持ちから40万円を出します(家賃収入80万円+手持ち資金40万円=120万円)。

これを毎月10万円ずつ、つみたて枠で積み立てます。5年間では600万円を積み立てることになります(10万円×12カ月×5年間=600万円)。

手持ち資金1000万円のうち、65歳までの5年間で200万円(40万円×5年)をNISAに使うことになります。残りの800万円はそのままキープします。

NISAで毎月10万円を年利3%で複利運用(注)できた場合、5年後には元本600万円が約640万円になります。

金融資産は65歳の時点で手持ちの800万円+640万円で約1440万円に!

60歳時の資産　金融資産1000万円　ワンルームマンション一部屋所有
65歳時の資産　金融資産1440万円　ワンルームマンション一部屋所有

（注）複利運用とは……利子も元金に含めて運用すること。たとえば120万円を年3％で複利運用すると、1年後には123万6000円になる（3万6000円が利子）。この3万6000円の利子も含めた123万6000円を元本にしながら、毎年120万円ずつ積み立てても継続していくと5年後には約637万円になります。

65歳以降の資金プラン

ここからは光男さんの収入がなくなり、年金受給開始となります。生活費は年金の不足分を手持ち資金から補填することになります。

年金22万円－生活費30万円＝▲8万円
▲8万円×12カ月＝96万円

年間96万円の不足だが、家賃収入を年間80万円見込むことで

96万円－80万円＝16万円

（何もしなければ）**不足は年間16万円。5年間で80万円。**
これをどう補塡していくかが資産運用の課題。
以下、いくつかの選択肢が考えられる。

選択肢1

年金を繰り下げ、受給開始を70歳とする（70歳まで繰り下げることで42％増）。

65～70歳

家賃80万円－支出360万円＝▲280万円　年間280万円の不足

▲280万円×5年＝▲1400万円　5年間で1400万円の不足

5年間で1400万円の不足は65歳までの金融資産（1440万円）で補える！

70歳以降（年金受給）

基本年金額22万円×12カ月＝264万円

264万円×142％＝374万8800円（1年間の受取額）

家賃収入の年間80万円分と合わせると、年間454万8800円の収入（374万8800円＋80万円＝454万8800円）。支出は同じく年間360万円とする。

454万8800円－360万円＝94万8800円

「収入 ＞ 支出」にもっていける！（余剰金も出る！）

65歳時の金融資産1440万円は70歳でいったん約40万円に。
ただし70歳以降は年間約100万円のプラスに！

選択肢2

60〜65歳の間と同様、65〜70歳もNISAつみたて枠・年間120万円を継続する（年金は65歳から受け取る）。

60〜70歳でNISAつみたて枠を年間120万円（毎月10万円ずつ）、10年間投資することになる（元本は10年間で1200万円）。

年間120万円を60〜70歳の10年運用（元本1200万円）、年利3％で複利運用すると、70歳時点では元本1200万円が、約1376万円になる。

このうち、65歳から70歳までに増える額は約130万円。

〈10年間の運用結果額約1376万円－65歳までの5年間での運用結果額約640万円＝730万円。このうち65歳から70歳までの5年間の元本は600万円〈65歳時の手持ち1440万円のうち現金でキープしておいた800万円から充てる〉なので、約130万円が65〜70

歳の５年間で増えたことになる）

つまり65～70歳の間で手持ち資金とＮＩＳＡで増えた分の総額は……

65歳時の金融資産１４４０万円＋５年間で増えた額１３０万円＝１５７０万円

一方、年金収入と家賃収入、および生活費として使う分を考えると

年金年間２６４万円＋家賃収入年間80万円＝３４４万円

年間収入３４４万円－年間生活費３６０万円＝▲16万円（年間の不足分）

つまり年間の不足分16万円×５年間＝80万円

65歳から70歳までの５年間で80万円のマイナスが出る。

１５７０万円―80万円＝１４９０万円

70歳時点で、約１５００万円の金融資産を確保できることに！

年間の不足分16万円がその後もずっと続くとすると、70歳から１００歳までの30年の不

足の総額は480万円。

1490万円－480万円＝1010万円

100歳時点でも約1000万円のお金が残せる計算に！

選択肢3

65歳以降も無理のない範囲で働き続け、夫婦合わせて月8万円の収入を得る（年金は65歳から受け取る）。

毎月8万円の収入があれば、収入が年金の22万円と合わせて30万円になり、生活費がそれだけでまかなえ、不動産から得られる家賃収入・年間80万円は丸々プールできる。あるいは使うこともできる。

不動産から得られる家賃収入を丸々プールした場合、70歳時点では、65歳時の金融資産1440万円＋年間家賃収入80万円×5＝1840万円の金融資産を確保できる。

あるいは、毎月8万円よりもっと少なく、たとえば年間16万円（月額1万3000円程度）

の収入があれば

16万円＋家賃収入80万円＋年金264万円＝360万円で、労働収入と家賃収入で年金の不足分をカバーできる。

65歳までの金融資産は取り崩さずそのまま保有するか、あるいは、運用を継続することも可能。

オプション1　リバースモーゲージの活用

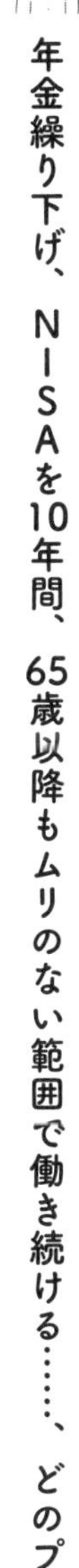

年金繰り下げ、NISAを10年間、65歳以降もムリのない範囲で働き続ける……、どのプランも良さそうですね。

全部やっちゃおうかしら。

あまり欲張らず、「小欲」（120ページ）でお願いします（汗）。これら3つの選択肢のオプションプランがあります。まずは先に説明したリバースモーゲージの活用です。

これは上記選択肢1〜3と併用してもいいし、評価額によってはリバースモーゲージの借入金のみで老後資金をまかなえる可能性もあります。

どのぐらい借りられるものですか？

リバースモーゲージの場合、おおよそご自宅の金融機関評価額の50〜60%が借りられて、金利は3〜4%程度です。生きている間は利息のみ払えばOKです。

立地により利用できない場合もありますが、相続対策として自宅の処分に悩まれているのであれば、**生きているうちに自宅を金融資産に換えて、自分たちで使い切るという気持ちで利用してもよい**のではと思います。もし将来的に施設などに入居なさる可能性があるなら、その資金対策にもなります。

子どもたちはどちらも転勤が多い仕事なので、あの家を相続したいとは思わないかもね……。

うちの評価額が2000万円として、1000万円借りられたらずいぶんラクですね。でもあとから子どもたちの気が変わったり、状況が変わって、「やっぱりあの家に住みたい」となったら？

その場合、ご自分で住宅ローンを組むなどして、リバースモーゲージの残債を完済できれば住むことも可能です。所有権は手放していないので。

一方、リースバックは家の所有権を売買で完全に手放し、そのまま賃料を払って住み続けることができる制度です。賃料を払い続ける必要があるので、支出としては増えます。また完全に所有権を手放すことになるので、選択は慎重にしていただきたいと思います。

オプション2 投資用物件を生前に売却してしまう

さらにもうひとつのオプションとして、投資用物件の売却があります。これも先ほど相続対策として述べたことですが、70〜75歳で売却してしまうのです。

仮に60歳で購入後、70歳で手放すとしたとき、購入時と同じ値段2000万円で売却できれば、10年間で受け取った家賃800万円（80×10年）が丸ごと利益になるわけです。ここで手に入る2000万円というお金は今後の生活費に充当します。

2000万円÷30年として、年に約66万円、月額5万5000円を生活費に充てることができます。

買ったときと同じ値段で売れますかね……？

1割減で1800万円だとしても30年で年60万円、月5万円を向こう30年間の生活費に充てることができます。

その場合、売却価格１８００万円＋家賃収入８００万円でトータル２６００万円。つまり６００万円のプラスになります。

１割減で売れなかったら……？(汗)

光男さんの心配症が出ましたね(笑)。

いえ、危機管理は大事なことです。では2割減で１６００万円だとしましょう。

それでも30年で年約54万円、月４万５０００円を向こう30年間の生活費に充てることができます。その場合、売却価格１６００万円＋家賃収入８００万円でトータル２４００万円。４００万円のプラスにはなります。

それを考えると不動産って強いですね。

はい、実物の強みがあります。**不動産は短期間保有ではなく、10～15年スパンという長期で保有するもの**です。保有中に受け取った家賃と売却して手元に戻ってくる金額を合わせると、**長く持てば最初に出した元金を上回る可能性が高くなります。**

もちろんそれは先ほど述べた立地が良い、賃貸需要のあるエリアに持つ、売りたいときに買いたい人がいる場所を選んで保有することが前提となりますが。

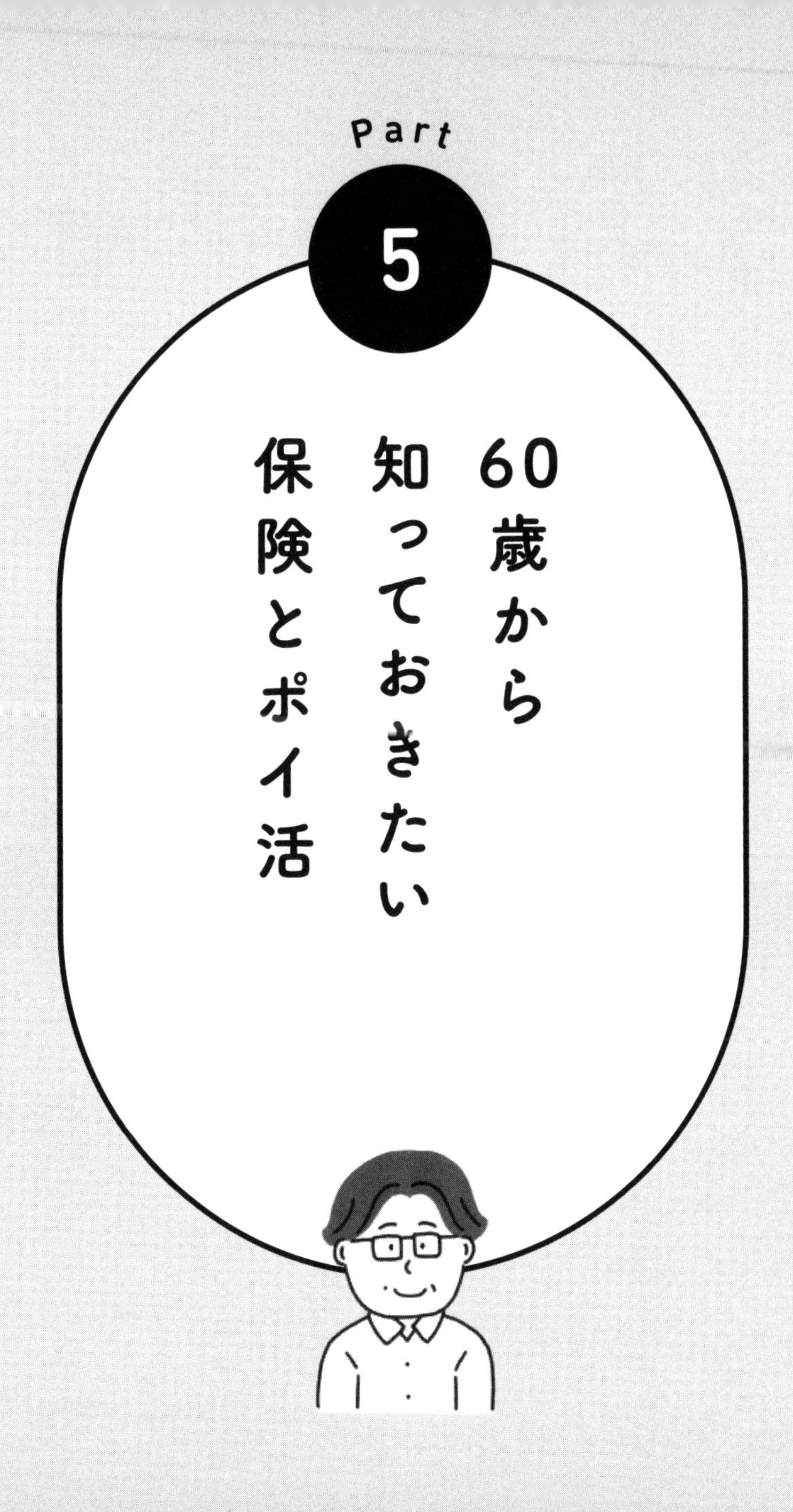
Part
5
60歳から
知っておきたい
保険とポイ活

資産をしっかり守るための「保険」と「ポイ活」

ここまで60歳からの資産運用の2大柱についてご紹介し、いかに運用するかを試算してきましたが、今度はお二人の資産をしっかりバックアップしていくために「生命保険」について考えていきたいと思います。最近話題のポイント活動＝「ポイ活」についても触れていきますね。

どれも苦手分野です（笑）。

ママは「ポイ活」はしてるんじゃないの？

やってはいるのだけど、あっちのポイント、こっちのポイントがちょっとずつたまっていくだけで、なんだか全然おトクな気がしないんです（笑）。

それも含めて芳江さんの大好きな「おトク」にもっていきましょう！

保険

高額な死亡保障、必要ですか？

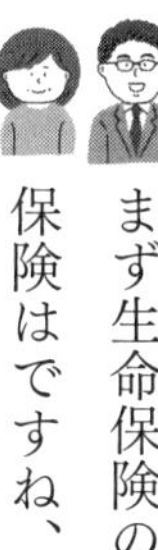

まず生命保険の話からしていきましょう。

保険はですね、実を言うと昔、知人に勧められて入ったまま、今日に至るという感じで、よくわかってないんです。死亡保障の金額ぐらいですね、頭に入っているのは。

私なんか妻に任せっきりで、どんな保険に入っているかさえわかってないです（笑）。

それはお二人だけではなく、わりと多くの方の現状だと思います。

生命保険はもちろんだけど、今まで幸い、医療保険を使うこともあまりなくて。光男さんが酔っぱらって帰って、駅の階段で転んで骨折して、3日間入院したときぐらいですね。

（思い出したくない過去の話を出されて狼狽）

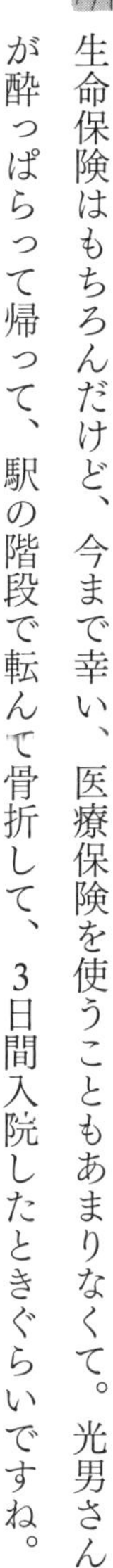

生命保険（注）**は死亡保険、医療保険、年金保険と、大きく分けて3種類あります。まずご自分がどの保険に入っているかを整理することが大事**です。鴨下さまは現在、死亡保険と医療保険に入っていて、現在も保険料を支払われているのですね。

（注）生命保険会社が一般的に扱っている保険商品を指します

はい、そうです。保険料は全部合わせて月に2万円ぐらいかな？

光男さんが**定年を迎え、お子さん2人も独立されていますので、今が保険の見直しの時期**だと思います。

見直したいです。月2万円はやっぱり負担です〜〜。

まず死亡保険に関してですが、先に考えていただきたいのは、**厚生年金の保険料を支払っている方が死亡された場合、「遺族厚生年金」が受け取れる**ということです。

年齢の要件はありますが、まずは**こういう公的な保障があるので、それを考慮した上で、死亡保障を考えることが大事**です。

遺族年金ですか……、聞いたことはあるけれど、あまり考えたことがなくて（汗）。

はなはだ失礼ではあるのですが、万が一ご主人の光男さんが先立たれた場合を考えてみましょう。この場合、奥さまの芳江さんは光男さんの厚生年金の月額10万円の4分の3の7万5000円が受け取れます。芳江さんご自身の国民年金の6万円と合わせて、合計月額13万5000円が受け取れる見込みです。

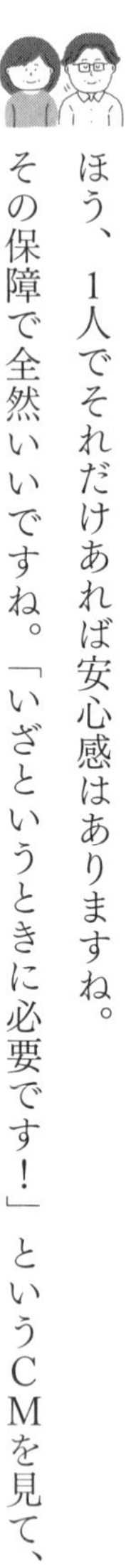

ほう、1人でそれだけあれば安心感はありますね。

その保障で全然いいですね。「いざというときに必要です！」というCMを見て、生命保険は入っておかないといけないような気になっていました。

CMはいろいろあおってきますが、実際にどのぐらいお金が必要か、冷静に考えて欲しいと思います。

保険

生命保険は「解約」「払い済み」という方法も！

遺族年金も考慮した上で、芳江さんやお子さんに今の額の死亡保障を渡したいと思われるならそのままでもいいですが、もうそれほど高額な死亡保障はいらないということであれば、**解約して「解約返戻金」を受け取ることも可能**です。

もちろん保険内容をしっかり確認する必要はあります。払い込み期間が定められている終身保険であれば、解約した場合に解約返戻金を受け取ることができます。たとえば、35歳契約で60歳まで払い込めば、その後一生涯300万円の死亡保障が続く、というタイプの保険です。定期保険については解約返戻金はほとんどありません。

うちはそのタイプの終身保険だと思います。払い込みが65歳までなので。

解約なんて思いもつきませんでした。「解約返戻金」っていくらぐらいもらえるのですか？

そうですね、商品によって異なるので、一概に言い切れないのですが、おおよそ、払い込む期間の6~7割を過ぎると、支払った金額の70~80%くらいを解約返戻金として受け取れる商品が多いと思います。払い込みが終わった年齢からは、支払った保険料以上を、解約返戻金として受け取ることができます。

確かに**うちはもう高額な死亡保障は不要**かもしれませんね。そして解約返戻金でまとまったお金が入るのは魅力的（笑）。

お葬式代ぐらいは残したいというなら100~200万円ぐらいを残して、後は生活費や楽しみのために使うこともできます。

　鴨下さまの場合は、先の試算で投資が順調に行けば、そちらで預貯金を十分に残すことができるので、解約して使ってしまうのもいいかもしれません。

　あるいは、もしまだ払い込み期間が残っているというのであれば「**払い済み**」といって、**保険料の支払いをストップして、保証を継続する方法**があります。

払い済み？

はい、今後**保険料を支払うことなく**、**今までにかけてきた保険料でまかなえる分の保障が続く**……というイメージです。ただし、保障額などは下がるので、必要性を勘案しながら、払い済みにするかどうか、検討する必要があります。
それもいいですね。うちは生命保険料が毎月約２万円だから、それがなくなったら助かります。

結構な保険料を毎月支払っていて、それが家計を圧迫しているお宅って多いんです。毎月２万円の保険料だったら５年で１２０万円、10年だと２４０万円です。この金額って決してバカになりませんよね。

……何も考えず払っていました。

チェック
✔ 生命保険を相続税対策にする方法も

生命保険の保険金を相続税対策に活用することもできます。
ご自分に対する保険（被保険者が本人）をかけて、ご自分が保険料の支払いをしていて（契約者が本人）、保険金の受取人が相続人である配偶者、お子さんという場合です。ご本人が死亡された場合、相続人（配偶者、お子さん）が保険金を受け取ると、「非課税限度額（非課税枠）」といって一定の金額が非課税になります（相続人以外の方が受け取った場合は非課税となりません)。

ただこれまで述べてきたように、「使わずに残す」ことが最良なのか、残された方が本当に喜ぶのか、熟考した上で判断していただきたいと思います。

というのも、親が残した多額の保険金を手にして、「こんなに残してくれなくても、生きているうちに旅行などして自分のために使って欲しかった」と嘆くお子さんもいらっしゃるからです。

保険

医療保険、「入らない」という選択もあり!

次に医療保険ですね。これも実はですね、**「高額療養費」という公的制度があるので**、まず**その制度があることを前提に、それでも不足する分、あるいは不安な分を保険で補う**という考えがいいと思います。

「高額療養費」とは、1カ月の間にかかった医療費の自己負担額が、定められた上限額以上になった場合、それを超えた分が、あとで払い戻される制度です。

それはどのぐらい戻ってくるのですか？

年齢や年収によって異なります。69歳以下の方で年収約370～約770万円の方ではひと月の自己負担額が8万0100円＋（医療費－26万7000円）×1％。年収約370万円以下の方の場合は、ひと月の自己負担額が5万7600円以上になると適用されます。

うちは定年・再雇用からは360万円になってしまいます。そうなるとたとえば手術・入院して、その月の医療費の自己負担が30万円かかったとしても、自己負担はそのうち5万7600円で済むということですか？

その通りです。**それを考えると、万が一、手術・入院という状況になったとしても、それほど金銭面を心配することはない**と思われませんか？

　高額療養費制度の詳しい内容は厚生労働省のホームページで確認できます（https://www.

mhlw.go.jp/stf/seisakunitsuite/bunya/kenkou_iryou/iryouhoken/juuyou/kougakuiryou/index.html）。

日本って素晴らしい国なんですね！　今まで文句ばっかり言ってごめんなさい（笑）。

少なくともこの部分の公的保障はしっかりしています。だから**実はそれほど民間の医療保険で手厚い準備をする必要もない**のです。

それと注意していただきたいのは、**医療保険は入院や手術をしなければ出ないことが多いんです。**つまり、通院のみでは出ない商品が多いので、そこを考えると、ますます必要性は低くなるかもしれません。

鴨下さまのようにある程度、**ご自分の資金が確保できているのであれば、もう割り切って医療保険は入らないという選択もできます。**

おお〜〜、さっきの生命保険と合わせて保険料が0円に！　これは正直、うれしいです。

でも、私たちも還暦でこれから病気をして手術とか入院とかいうことになるかもしれないし、保障が全然ないというのはちょっと不安だなぁ。

もちろん不安を感じる方は入ったほうがいいと思います。でもそれも**そんなに手厚い保障のものではなく、あくまでも安心料というか、お守りのようなイメージで、最低限の保障**でもいいと思います。共済の掛け捨てのようなもののことです。**加入しておいて、保険金がもらえたらラッキーという感覚**で入っておくぐらいのスタンスがよいのではないでしょうか。

図９－高額療養費制度とは

高額療養費制度とは、このような制度です

高額療養費制度とは、医療機関や薬局の窓口で支払った額(※)が、ひと月(月の初めから終わりまで)で上限額を超えた場合に、その超えた金額を支給する制度です。

※入院時の食費負担や差額ベッド代等は含みません。

例　70歳以上・年収約370万円～770万円の場合（３割負担）
100万円の医療費で、窓口の負担（３割）が30万円かかる場合

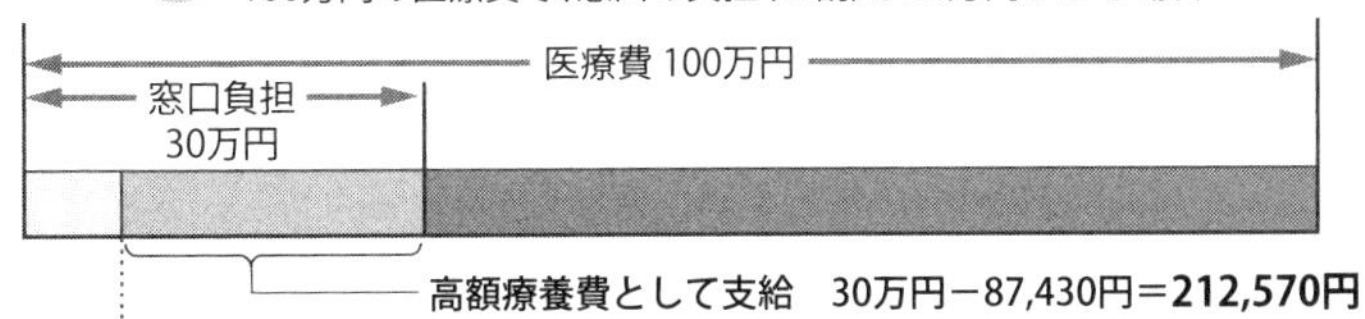

高額療養費として支給　30万円－87,430円＝**212,570円**

自己負担の上限額　80,100円＋（100万円－267,000円）×１％＝**87,430円**

212,570円を高額療養費として支給し、**実際の自己負担額は87,430円**となります

出典：厚生労働省保険局

図10－高額療養費制度（69歳以下の方）

上限額は、年齢や所得によって異なります　②69歳以下の方

毎月の上限額は、加入者が70歳以上かどうかや、加入者の所得水準によって分けられます。

＜69歳以下の方の上限額＞

適用区分			ひと月の上限額（世帯ごと）
ア	年収約1,160万円～	健保：標報83万円以上 国保：旧ただし書き所得901万円超	252,600円＋ （医療費－842,000）×１％
イ	年収約770～約1,160万円	健保：標報53万円～79万円 国保：旧ただし書き所得600万円～901万円	167,400円＋ （医療費－558,000）×１％
ウ	年収約370～約770万円	健保：標報28万円～50万円 国保：旧ただし書き所得210万円～600万円	80,100円＋ （医療費－267,000）×１％
エ	～年収約370万円	健保：標報26万円以下 国保：旧ただし書き所得210万円以下	57,600円
オ	住民税非課税者		35,400円

（注）１つの医療機関等での自己負担（院外処方代を含みます。）では上限額を超えないときでも、同じ月の別の医療機関等での自己負担（69歳以下の場合は2万1千円以上であることが必要です。）を合算することができます。この合算額が上限を超えれば、高額療養費の支給対象となります。

出典：厚生労働省保険局

「入る価値がある」保険とは？

それから**がん保険には入っておいてもいい**と思います。今は先進医療とか治療もいろいろあって中には自由診療のものもありますから。

がんの先進医療ってかなり高いのもあるんですよね。

そうなんです。がん保険には日額いくらと決まっているタイプと、治療にかかった実費分を保証してくれるタイプがありますが、**高額な医療に備えたいというなら日額よりも実費分のほうがいい**と思います。

　ただ実費負担タイプのほうが保険料は高くなりますが。でもそういうものに入るのは理にかなっているかなと思っています。

なるほど、入ったほうがいいケースもあるわけですね。

はい。これは損保（損害保険）の話になってしまいますが、そういう意味で言うと、**自動車保険は絶対入ったほうがいい**わけです。万が一、人身事故を起こしてしまったら、それこそ補償が何千万円、何億円になったりする可能性があるわけです。普通はとても支払いきれません。もちろんそんな**事故が起きる確率は非常に低いと思いますが、そういうことに備えるために入るのが保険**なんです。

払えない分、必要な分だけ入るということですね。

その通りです。あと必要な時期もありますよね。死亡保険もお子様が小さいうち、万が一大黒柱となる方がお亡くなりになったら、その後の学費が出せないという場合は入る価値がもちろんあります。でもその場合も期間限定で入ればよくて、それもやはり**保険料の安い「掛け捨ての定期保険」で十分**だと私は思っています。

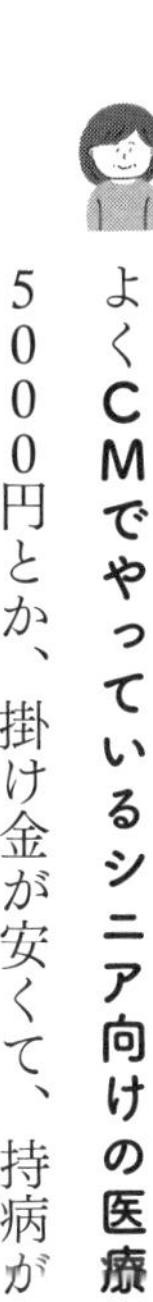

シニア向けの保険はトクなのか？

よく**CMでやっているシニア向けの医療保険**はどうなんですか？　月3000円とか5000円とか、掛け金が安くて、持病があっても入りやすいとうたっているやつ。

たとえば掛け金が月5000円として、年間で6万円。10年で60万円です。その10年の間に、保険金を受け取る場面が訪れるかどうか。何もなければ60万円が、それこそ掛け捨てで損になっちゃうわけですから。

あと気を付けたいのは、既往症があれば、それについては原則、保障対象外になってしまうことです。たとえば、高血圧で薬を飲んでいるという人が、持病があっても入れるという医療保険に入った場合、その症状で入院しても保険金は下りません。

シビアですね……。

当然ですが、保険会社も営利企業です。会社を維持していくためには利益を上げる必要があるわけです。支払う保険料の中に、CM料や人件費など、会社の運営にかかる経費が乗っかっているわけです。

言われてみたら確かにその通りですね。

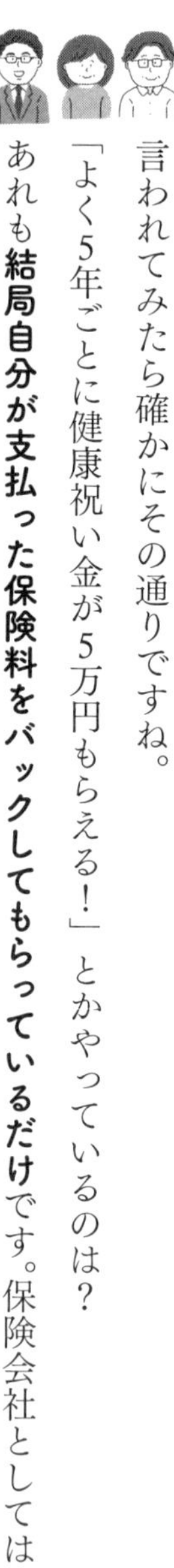

「よく5年ごとに健康祝い金が5万円もらえる！」とかやっているのは？

あれも**結局自分が支払った保険料をバックしてもらっているだけ**です。保険会社としては、それを支払っても残りの保険料で十分利益が出るという商品設計になっているわけです。

保険会社の友達は僕と違って給料いいし（笑）。

保険って、非常にうまくできているなと思うんです。会社として利益が出るように頭のいい人がいろいろ考えて保険料を算出しているわけです。もちろん、細かいことは私にもわかりませんが、「一人の人が病気やケガ、あるいは死亡する確率はこのぐらいで、その場

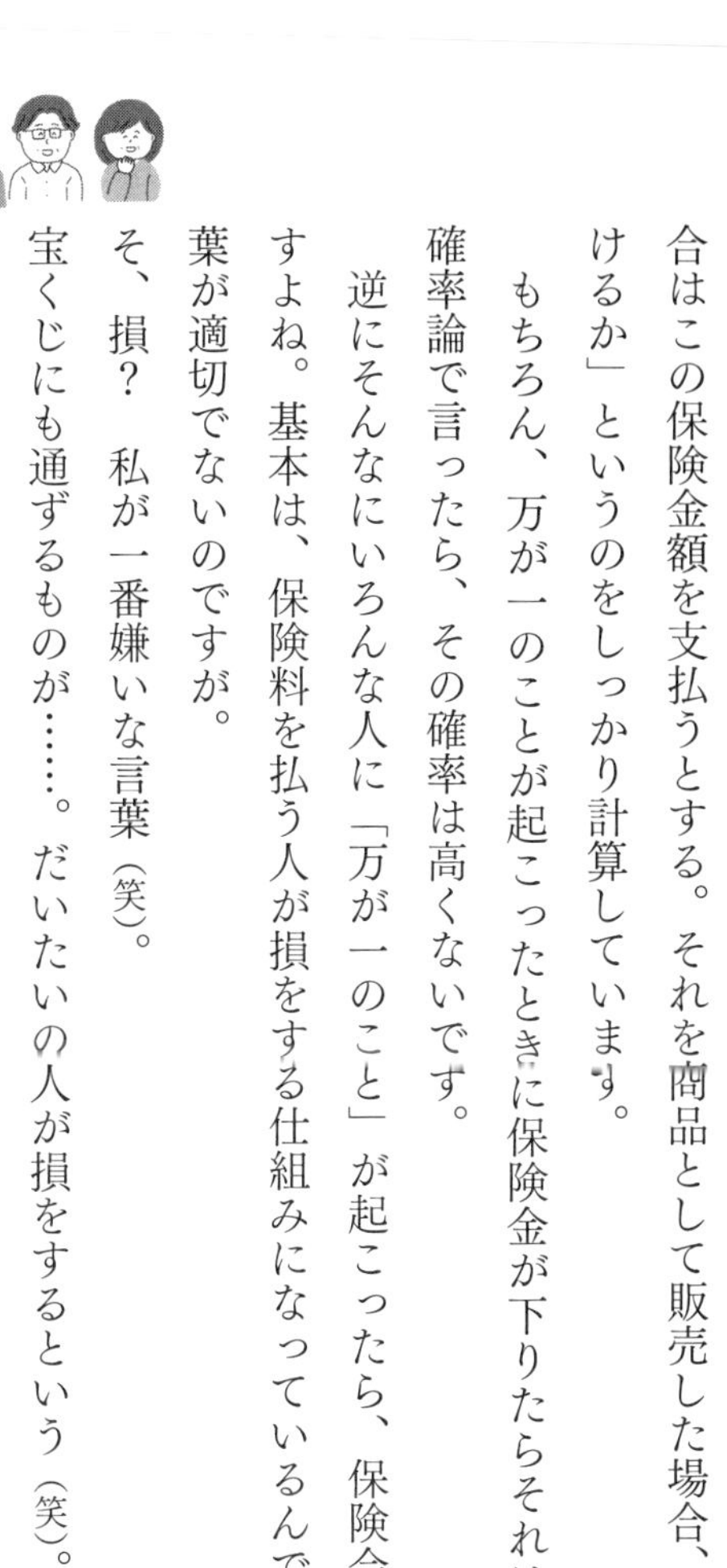

合はこの保険金額を支払うとする。それを商品として販売した場合、会社としてやっていけるか」というのをしっかり計算しています。

もちろん、万が一のことが起こったときに保険金が下りたらそれは助かります。ただ、確率論で言ったら、その確率は高くないです。

逆にそんなにいろんな人に「万が一のこと」が起こったら、保険会社はつぶれちゃいますよね。基本は、保険料を払う人が損をする仕組みになっているんです。損というのも言葉が適切でないのですが。

そ、損？　私が一番嫌いな言葉（笑）。

宝くじにも通ずるものが……。だいたいの人が損をするという（笑）。

はい、ただ保険というのはお互いで助け合う互助会的な役割もあって、みんなが出し合う保険料で、何かが起きた人に備えるというところもあると思うんです。だから、その保険金を受け取ることになった人は、自分が払った保険料より多くのリターンがあるということになります。リターンっていう言い方もまた変ですけど。

でも大体の人は、それにあまり該当しないことが多いです。つまり払った保険料より少ない金額しか、受け取れない可能性が高いわけです。

やっぱり損かも（笑）。

保険

ドル建て保険ならおトクか？

あ、でも最近「ドル建て保険」っていうのが人気ですよね。あれって保険料をドルで運用してくれて、しかも保険としての機能もあるわけですよね？　友達がやっていて勧められたことがあります。面倒で入らなかったけど（笑）。

ドル建ての保険は、確かに**ドルで資産形成しながら保障も得られるというメリット**をうたっているのですが、**そこから保険会社の経費分が引かれることを忘れてはいけない**わけです。運用管理維持費などという名目で引かれていると思います。

そうか、そんなこと考えたこともなかったです。

それも決して安くない、結構な額です。それだったら最初から**ドルで預金しておいたほうが、実は有利だったりします。**

保険

公的保証がしっかりしている日本の良さを再確認？

保険って絶対に入らないといけないと思い込んでいたけど、そんなことないんですね。いろいろ目からウロコでした。

そうですね、**高額療養費、遺族年金、貯蓄、あるいは資産運用などでまかなえるのであれば、特に60歳以降は、民間保険の保障の必要性は低くなる**ように感じています。**保険よりも自由に使える貯蓄や金融資産を大切にしたほうがいい**のではないかと思うんです。

保険に縛られ過ぎていたかもしれないです。

死亡保障も、貯蓄タイプと掛け捨てタイプでは、長い目で見たらかなりの差が出るはずです。その差額分をNISAなどで運用すれば増えていくし、保険会社の経費を取られない分、自分の手残りは多くなるわけですよね。いろんな意味で合理的だと思います。

昔、保険に入るとき、セールスレディさんに「掛け捨てはもったいないですよ。貯蓄型なら貯まっていくからおトク」と言われてそれを信じていました……。

これは私の考えになってしまいますが、**「保障」と「貯蓄（資産運用）」は切り離して考え**

るべきと思うんです。

繰り返しになってしまいますが、**保険はあくまでも足りない分を補う存在**であって、確率は低いけれど、万が一、事故や病気が起きてしまったとき、金銭的な負担が大きくなるものだけを保険でカバーするべきだと思うわけです。

保険に貯蓄性を持たせるとか、保険でお金を貯めようとするのは合理的ではないと思います。

保険

保険の見直しは誰に相談すればいい？

今日は保険についていろいろ整理ができました。うちは生命保険はもういらないし、医療保険も今のは手厚過ぎると思うし。

見直せてよかったです。

よく、**保険を見直してくれる無料窓口**ってありますよね？　ああいうところに相談に行くのはどうですか？

先ほどの証券会社の話にも通ずるのですが、**「無料相談」の「無料」がどうしてできるの**

かということを冷静に考えて欲しいんです。

そうか、何もないのに無料なわけないですよね。

無料窓口はだいたいが保険会社と連携していて、契約をしてもらうことで利益を得ているわけです。

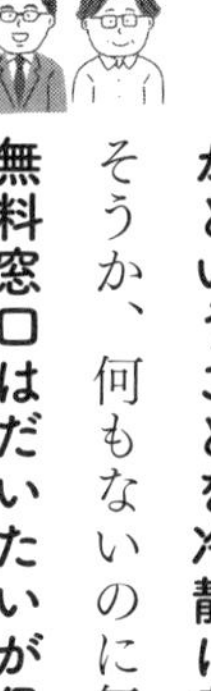

単なる親切な人たちじゃなかったんですね（笑）。

もちろん、そのお客様に対して悪い方向に持っていこうと考える担当者はまずいないと思いますが、**営利企業として利益を上げないといけない以上、必ずしもお客様優先の提案ができない事情もある**んです。

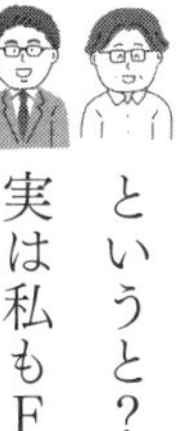

というと？

実は私もFPとして無料相談を行う会社に勤めていたことがあるのですが、会社の方針で「今月はこの保険を勧める」という、上からの指令がいろいろ来るわけです。今月はなるべくA社の保険を勧めましょうとか。

そうするとその保険がそのお客様に合ってなくても勧めないといけないこともあるわけです……。「今月は○本、この保険を契約してもらう」というノルマがある場合もあります。

もちろんそれは担当者の収入にもつながってくるんです。

ほー、いろいろ大変なんですね。齋藤さんも方針に従って営業してたんですか？

それが私はどうしてもそういうことができなくてですね……。やっぱりそんな方針より、そのお客様に一番いい保険に入って欲しいじゃないですか。だから正直に話してしまって。お客さんには喜んでいただけたのですが、営業成績はまったくふるいませんでした（笑）。

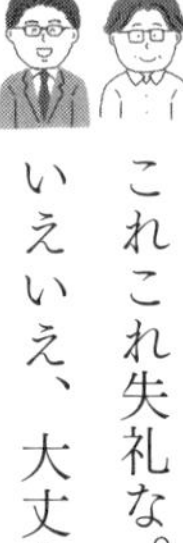

うわぁ……マジメ過ぎるというか……、齋藤さんらしいエピソードですね（笑）。

これこれ失礼な。

いえいえ、大丈夫です。それもあって独立しました（笑）。だからそういう仕組みがあるのをわかった上で、相談に行くのはありかもしれませんが、その場合も決めるのは自分という意志は必要です。

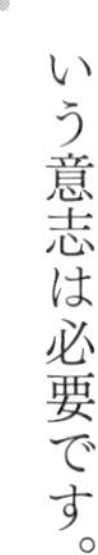

うーん、ほかに安心して相談できるところはありますか？

手前味噌になってしまって悪いのですが、保険会社の商品を扱っていない、独立型のＦＰがいいと思います。

個人のＦＰさんでも保険会社と連携しているところがあるのですか？

あります。ホームページなどをよく見て選ぶことが大事です。そうやって自分に合うＦＰさんが見つかったら、できれば年に1、2回、継続的に相談に行くとより安心だと思います。

チェック

FPに相談して100万円の節約!?

保険料を10年、20年と長く払っていくことを考えると、たとえば月5000円の場合であれば、年間で6万円、10年で60万円、20年にしたら120万円を支払うことになるわけです。

ところがFPに相談したことで、保険を見直して無駄になるかもしれない支出を抑えることができるなら、相談料に1万円、2万円かかってもはるかにおトクではないでしょうか。

相談は「日本FP協会」(https://www.jafp.or.jp/confer/kurashi_fp/taimen/)でも無料で行っています。ただ1人50分1回限りですが、この協会は保険会社との利害関係がないので安心です。まずはこういうところに行ってみるのもひとつの手だと思います。

ポイ活

ポイ活、やっていますか？

「資産を守る」話の最後はポイ活についてです。最近はシニア層の方もスマホでキャッシュレス決済をされる方は増えていると思います。

私もなるべくキャッシュレスにしてポイントを貯めようと努力しているのですが、先ほど話した通り、あちこちにポイントが散らばって(笑)、ポイ活でおトクになっている気が

全然しないです(泣)。

私はキャッシュレスは苦手で、いまだに現金オンリーです。その代わりといっては何ですが、お店に行くと「ポイントカード作りませんか?」と言われてカードを作り、財布がそれでパンパンになっていて(笑)。でも結局有効期限が切れて、何の得にもならないという……。

私もそれ笑えないです。しかも同じ店のカードが何枚もあったり(笑)。あとポイントカードがあんまり貯まるので、別にしまっておいたのはいいんだけど、いざ使うときに持ってくるのを忘れた！　とか。そんなのばっかりで、ちっともトクしてる感がないんです〜〜。

お二人だけじゃないです、そういう人は多いと思います。**まずはポイントを絞ることが重要**だと思います。ご自分が使いやすいと思うもの、1つか2つに絞る。

絞るんですね……。あれもこれもと増やすばかりでした(笑)。○○payみたいなのも3つぐらい入ってます(笑)。

これが株だったら、前にお話ししたように、1つの銘柄に集中するより、お金の置き場所をいくつかに分ける「分散方式」がいいのですが、ポイントは買ったものについてくる「おまけ」の存在で、「損」という発想がないわけです。**プラスの価値しかない。そういうものに関してはできるだけ集中して貯める「集中型」がお勧め**です。

2つなら私にもできるかもしれません。

それでお店やアプリで「ただいまポイントアップ中」とか「○日に買えばポイント○倍」というキャンペーンをやってますよね。そういうときを狙って買い物をするなど集中させていくことでお得感も出てくると思います。

脳トレ感覚で楽しむ

私の「ポイントカードの持ち腐れ問題」(笑) はどうすればいいですか?

ポイントカードはまあ別に持ち腐れになってもいいと思うんですよ。損はないので。あるとしたら、まず100円で1ポイントとかいったポイントの付与率や何ポイントでどのぐらい割引になるのかをチェックしておきます。その上で**レシートなどでポイント残を確認して、あと何ポイントで特典が受けられるのかを見ておいて、ポイントアップデーがあれば、その日にまとめ買いをする**などの意識をしていくといいと思います。

あと**有効期限があるポイントもあるので、ある程度貯まったら、さっさと利用してしまうのが損しない秘訣**だと思います。

こうやってちょっと意識するだけで意外と貯まるし、お得感も出てくると思います。

大ざっぱな私はそういうのが苦手かも……。

もちろんそういうことを考えるのが面倒という方もいます。それと、たとえばポイントが効率よく貯まるからといって、高いお店で買い物をするのは本末転倒です。

ポイントはあくまでおまけなので、無理のないところで楽しんでやればいいと思います。楽しみながら、お小遣い稼ぎみたいな感覚でいいんです。

「ポイント苦手病」に陥っていましたが、まあ肩ひじ張らないで楽しむつもりでやればいいんですね。

あとポイントは脳トレにもつながると思うんです。**同じものを買うにしてもこのお店では****ポイントはつかないけれど、向かいのお店はポイントがつく**とか、**支払った額に対してど****のぐらいの還元率があるのか**とか、ポイントの二重取りも含めて、**クイズ感覚で楽しくやっていく**ことが一番だと思います。「得する」ことには敏感になりましょう！

ポイ活

歩くだけでポイントがもらえる!?

それからおもしろいポイ活として、**ウォーキングでポイントが貯まるアプリ**というのがあるんです。

ほう。

歩数に応じて各種ポイントが貯まったり、食品や現金などが当たる抽選に応募できたり。

歩いて健康づくりをしながらポイントが貯まるなんて一石二鳥ですね。

横浜市も市の事業として取り組んでいて、歩数によって「よこはまウォーキングポイント」が貯まり、一定のポイントが貯まると抽選で商品券が当たるそうです。

それは楽しそう。

ただアプリによってスマホのバッテリーの消費が激しいものもあるので注意してください。ほかにもアンケートに答えてポイントをもらうとか、ゲームをしてポイントをもらうとか、探せば本当にいろいろあります。時間のあるときなどに自分に合いそうなポイ活アプリを探してみるのもいいかもしれません。

ポイ活 「手書き家計簿」のすすめ

うちで持っているクレジットカードも使うとポイントが貯まるんですけど、クレカの支払いが怖くて、なるべく使いたくないんです。それでもネットショッピングや生協の支払いはクレカ払いにしていますが、毎月明細が来ると必ずギョッとして「え、こんなに使った?」と慌てるハメに……(笑)。

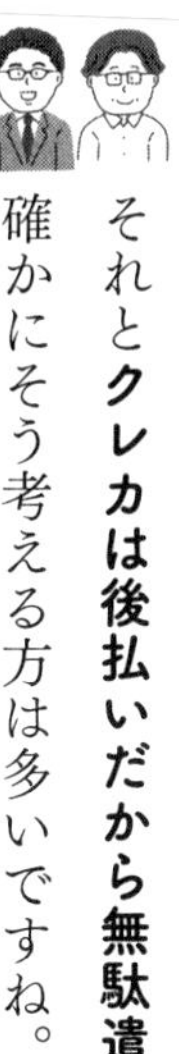

それと**クレカは後払いだから無駄遣いをしてしまいそうという心配**もあります。

確かにそう考える方は多いですね。日本でクレジットカードがそれほど普及しないのは、お二人と同じように考える人が多いせいではないかと思います。

ひとつ提案として、**「手書き家計簿」というのをお勧め**しています。家計簿ノートでなく、普通のノートに家計簿を手書きするものです。

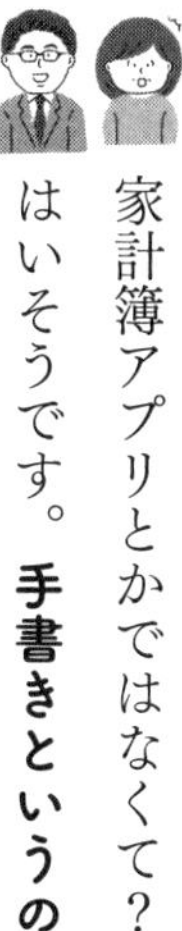

家計簿アプリとかではなくて？

はいそうです。**手書きというのがポイント**なんです。**ざっくりでいいのでその日に使った額を書いていく。クレジットカードで支払った額は赤ペンで書き込みます。**

そして**1日の終わりにいくら使ったかを電卓で計算**します。1日の支出が5000円で、うち現金で2000円、クレカで3000円というように。

1カ月の予算が30万円なら、その月の頭に「予算30万円」と書いておきます。**そこから日々の支出分を差し引いていけば、残高がいくらあるか一目でわかります**よね。たとえば、20日の時点で残高が8万円だったら、あと10日を8万円でやりくりしないといけないとか。

項目別に立てなくていいんですか？　食費とか日用品とか。

そうですね、極端な話、お金の管理だけなら項目は立てなくていいです。ただ、人によって「何に使ったかを知りたい」というのであれば、食費、日用品、交際費、娯楽費、医療費、交通費・ガソリン代、被服費など、項目別にしてもいいです。後は固定費ですね。電話代、通信費、光熱費など。

ただ、あまり細かく分けすぎると「これはどこに入れたらいいのか」とわからなくなるし、面倒くさくなります。やるなら3項目とか5項目にとどめておいたほうがいいかもしれません。**一番の目的は残高を意識することで使い過ぎを防止する**ことなので。

うちは項目なしにします（笑）。

それでクレカは赤ペンで書いた金額を集計していけば、使った額がわかるから月末の請求も怖くなくなりますよね。

そういうふうに「**見える化**」**することで、使い過ぎ、買い過ぎを意識しやすくなる**んです。

なんかダイエットでありましたよね、食べたものを全部書いていくとかいうやつが。あんなイメージですかね？

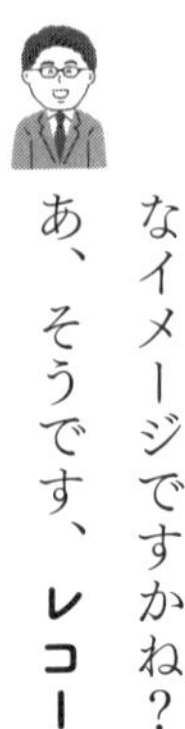

あ、そうです、**レコーディング・ダイエットの支出版です。ノートに書いて電卓で計算することで頭の体操代わりにもなります**し。

ポイ活

なぜ「手書き」なのか？

今まで家計簿は何度かチャレンジして挫折してきたけど、そんな簡単なものでいいならやれるかも。

私自身もこのざっくり家計簿をずっと実践しています。

なぜ家計簿アプリではダメなんですか？

もちろん使いこなすことができれば**家計簿アプリでもOK**です。クレカや電子マネーを紐づけしておけば入力の手間も省けてそこはいいのですが、あれは自分でかなり意識して見に行かないと、**ほったらかしになってしまう可能性も大きい**と思うんです。

見たとしてもサラッと「このぐらい使ったのか」で終わってしまったり。そのぐらいなら一手間かかるけれど、**アナログにレコーディングしたほうが実感としていくら使ったのかわかりやすくていい**んじゃないかなと私は思います。

エピローグ

相談を終えて……

実は私、定年を目の前にして**「老後資金が足りるのか」「そろそろ終活も考えないと……」「子どもたちに迷惑をかけないか」などと考えて不安になっていたんです。**

今日もここに来る前は「何でもっと貯めておかなかったのだろう」と落ち込んで……。**でも齋藤さんの話を伺って、目の前がパッと明るくなりました。**

よかったです。この人、マイナス思考でほっとくと一人でどんどん暗くなっていくから……。

とはいえ、いつもは楽観的な私も老後のお金のことはやっぱり不安でした。でもそれが今日全部払拭できました！

よかったです！　お二人はここまでしっかり貯めてこられているので、いろいろな選択肢が考えられます。

これからは堅実な運用で資産を増やしつつ、「楽しく使う」時期だと思います。

さっきお話しされていた「記憶の配当」ですね。

今は介護があって動きづらいけど、やっぱりこれからはいろいろ人生を楽しみたいです。旅行にも行きたいし、趣味でやっているフラダンスももっとがんばりたいです。あ、フラサークルの仲間とハワイに行って踊りたいな。

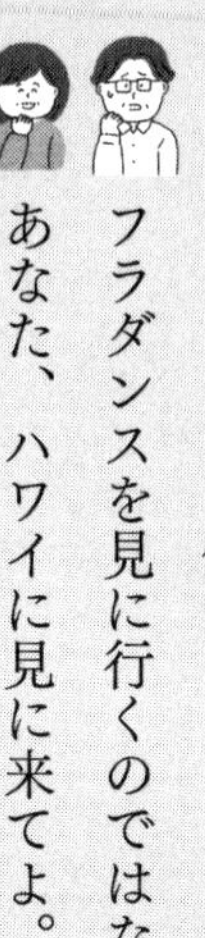

フラダンスを見に行くのではなくて自分たちが踊るってこと？　それは誰が見るの……？

あなた、ハワイに見に来てよ。チケットは有料。

さすがです（笑）！

女性は元気ですごいです……。私は酒を飲むこととパチンコを少々するぐらいしか趣味がないので……これから使い方を考えます。

趣味に使うのももちろんいいのですが、最初に光男さんがおっしゃっていた**寄付・クラウドファンディングなど、資金を投じることでの社会貢献もいい**のではないでしょうか。

あっ、それだったら私は母子家庭で育って金銭面で苦労したので、ひとり親の子どもの支援をしたいですね。ひとり親の支援団体やＮＰＯに寄付をしよう。

それももちろん素晴らしい使い方です。ご自分が直接支援をするのではなくても寄付をすることで、その活動が育っていくのが見えれば意義があると思います。

そういった社会や他者から感謝される使い方、社会との接点を持ち、生きがいにもつながる使い方が「活きたお金」になり、預貯金として貯めておく以上に、見えない価値をもたらしてくれると私は思っています。

もちろん**芳江さんのようにご自分の楽しみに使えば人生が豊かになるし、光男さんのように社会貢献に使うのも素晴らしい。お金って使い方に人柄、人間味が表れる**と思います。

それで思い出したのですが、私の知人に会社を経営していた60代の女性がいるのですが、M&Aで会社を手放して、それで得たお金でドッグカフェをオープンさせたのです。かねてからの夢だったそうなんです。

それと同時に犬の殺処分0を目指す活動も開始されています。ご本人もすごくイキイキされていて。

何て素晴らしい。

これからは資産運用でしっかり増やして、しっかり使っていきたいです。

早速今日の帰りから不動産巡りをします!!

お二人の絶妙なコンビネーションでぜひ素晴らしい人生を送っていただきたいと思います!

おわりに

「お金の本当の価値は、使って初めて味わえるのに……」

金融資産が預貯金に偏っている現状、そして、コロナ禍を経て預貯金が増えている現状を知るにつれ、「今は、お金を安心して使いにくい世の中なのではないか？」と感じたことが、本書を出したい気持ちになったきっかけです。

「お金は、モノを買ったり、サービスを受けるための手段であって、貯めることは目的ではない。でも、いつ、何があるかわからないから、貯めておこう……」

頭では理解していても、通帳の残高が減るのを見ることは、特に、年配の方にとってはストレスを感じることだと思います。その結果、お金をできるだけ使わないように過ごすことにつながり、預貯金が増えているのだと私は考えています。

であれば、残高をできるだけ減らさないようにしながらも、お金を安心して使える仕組みを作ればよいのではないか？

その想いから、私自身も実践している「ＮＩＳＡを使ったつみたて」や「中古ワンルーム投資」という方法があること、そしてその仕組みを活かして、これからの人生の夢や楽しみを満喫していただきたい。

そのためのサポートをさせていただくことが、私の役目だと考えております。

「失敗したくない」「損したくない」

そんな気持ちは誰にでもあります。

その気持ちを前にして、立ち止まって動かないか、一歩を踏み出せるか？

そこに、お金を安心して使える仕組みを作れるかどうかの分岐点があります。

この本を手に取って、興味を持って最後までお読みいただいたのであれば、この時点で、立ち止まって動かない方よりも、一歩前に進んでいることになります。

あとは、興味を興味のままで終わらせず、具体的な行動に起こせるかどうかです。

もしあなただけで行動に起こせる自信がなければ、ぜひ私に会いにいらしてください！相談料は申し受けますが、相談料以上の気づきや価値を感じていただけるのではないか、と考えております。

いきなり相談はハードルが高い、という方のためにはメールマガジンもご用意しています。現在、毎週1回、無料で配信しておりますので、もしご興味あれば、ご登録いただければと思います。『ケセラセラ横浜　メルマガ』で検索してみてください（https://88auto.biz/keserasera/registp.php?pid=4）。

私の考え方などをより知っていただき、信頼を置いて話せそうだ、と感じていただけましたら、その際に、ぜひ会いに来てください。

お金のことで悩みを抱えていない人は、おそらくひとりもいないと思います。あればあったで悩みがあり、なければないことでの悩みがあります。

そんな悩みを一緒に共有して、不安を和らげるパートナーが、ファイナンシャルプランナーです。

お金の専門家という立場ではありますが、緊張なさらずに、かかりつけのお医者さんに行くような感覚で会いに来ていただければうれしく思います！

皆様が勇気を持って、これからのお金の不安を和らげる行動をされるきっかけに本書がなれるなら、著者としてこの上なくうれしいことです。

皆様のこれからの生活が、お金の不安が和らいだ日々になることを祈念しています！

CFP　齋藤岳志

2023年7月

本書は情報提供を目的としたものであり、特定の商品や売買を推奨するものではありません。本書の情報を利用して損失・損害が発生した場合、著者及び出版社は一切の責任を負いかねます。投資にあたっての最終判断は慎重に行い、自己責任でお願いします。

老後が不安……。貯金と年金で大丈夫ですか？

2023年9月5日　初版第1刷

著　者——————齋藤岳志
発行者——————松島一樹
発行所——————現代書林
〒162-0053　東京都新宿区原町3-61　桂ビル
TEL／代表　03(3205)8384
振替00140-7-42905
http://www.gendaishorin.co.jp/

デザイン——————岩永香穂（MOAI）
イラスト——————高村あゆみ
図版——————松尾容巳子

印刷・製本　㈱シナノパブリッシングプレス
乱丁・落丁本はお取り替えいたします。
定価はカバーに表示してあります。

ISBN978-4-7745-1984-5 C0033